Hablemos de sexo con los niños

VIVIR MEJOR

JUAN PABLO ARREDONDO

Hablemos de sexo con los niños

Prólogo de **MARTHA DEBAYLE**

VERGARA

MÉXICO · BARCELONA · BOGOTÁ · BUENOS AIRES · CARACAS · MADRID · MONTEVIDEO · MIAMI · SANTIAGO DE CHILE

Hablemos de sexo con los niños

Primera edición, noviembre 2011

D.R. © 2011, Juan Pablo Arredondo
D.R. © 2011, Ediciones B México, S. A. de C. V.
      Bradley 52, Anzures, DF-11590, MÉXICO
      www.edicionesb.mx
      editorial@edicionesb.com

ISBN 978-607-480-206-1

Impreso en México | *Printed in Mexico*

PRÓLOGO

Como padres de familia, nos veremos inevitablemente en la necesidad de hablarles sobre sexo y sexualidad a nuestros hijos. Lo que antes era un tema tabú y provocaba cierta incomodidad, por fortuna ha ido cambiando; actualmente, dialogar sobre estos temas nos permite brindarles seguridad y una educación correcta tanto a niños como a adolescentes.

Con nuestro acelerado ir y venir por la vida, a veces olvidamos que la mejor manera de abordar la sexualidad con nuestros hijos es con naturalidad. Hace algunos años, algunas décadas, nos encontrábamos del otro lado de la brecha generacional, con el rostro salpicado de acné y, así, a nuestros padres les tocó hablarnos de cómo vienen los niños al mundo. ¿Se acuerdan de la actitud de sus padres en esa ocasión? Si lo hicieron bien o no, si no fueron suficientemente claros y abiertos como nos hubiera gustado, ahora está en nuestras manos superarlos.

Aún no olvido la ocasión en la que mi hija mayor tuvo la ocurrencia de acercarse a mí y preguntarme sobre las diferencias sexuales entre los hombres y las mujeres. Al revisar este libro, es grato rememorar ese instante y sentirme reconfortada, pues lo hice con la sencillez y claridad que recomienda Juan Pablo Arredondo.

Desde el programa *Hoy* y *Vidatv*, cuando conducía el segmento *Bbtips*, sé cómo Juan Pablo aborda estos útiles temas, quien hace más de diez años forma parte del equipo de especialistas de *Bbmundo* (revista y página web).

Así como en su exitoso libro *Límites y berrinches*, Juan Pablo se apoya en su experiencia como terapeuta familiar para ofrecernos una acertada guía sobre cómo hablarles de sexualidad a niños y adolescentes. Ya lo hizo en su anterior libro: nos enseñó a modificar actitudes de conducta y a transformar escenarios de conflicto en instantes de comunicación y respeto; hoy nos brinda la posibilidad de orientarnos con pasos firmes en un tema que tarde o temprano trataremos con nuestros hijos. Aquí encontrarán cuál es la manera más efectiva para referirnos a la sexualidad. Como se explica detalladamente, para hablar de sexo hay que saber un poco de teoría (eso se lo debemos a Freud), conocer cuáles son las inquietudes de nuestros hijos, hablar con la verdad, no confundirlos y, lo más importante, hacerles saber que cuentan con nuestra confianza.

Es maravilloso ver que nuestra semilla ha germinado y que cada nuevo día se convierte en toda una experiencia al lado de nuestros hijos. Con su mirada recobramos los años de nuestra infancia, también crecemos, maduramos y somos otros sin que debamos perder de vista nuestra esencia, nuestras raíces.

Gracias, Juan Pablo, por ayudarnos a ver crecer placenteramente a nuestros hijos y por ser nuestro apoyo en la difícil pero gratificante tarea de ser padres.

Martha Debayle

AGRADECIMIENTOS

Este libro no hubiera tenido la fortuna de existir si no habría sido por el apoyo de un grupo de personas que conocen mi trabajo de cerca. En primer lugar, quiero mencionar a Ediciones B por haber confiado nuevamente en mí: gracias, Carlos Graef Sánchez y Yeana González López de Nava.

En segundo término, me gustaría mencionar al equipo formado por Mary Carmen Sánchez Ambriz, Praxédis Gilberto Razo y Jaquelina Rodríguez Ibarra.

Esta edición también se vio enriquecida gracias a la aportación gráfica de Christian Reyes y de Víctor de Reza, y por la atenta lectura de Karla Cobb y de Carlos Betancourt.

PRESENTACIÓN

Aunque los tiempos han cambiado y cada vez se difunde más información sobre la sexualidad, el tema continúa siendo una inquietud entre los padres de familia. Con niños de cuatro, seis, ocho, diez, doce y más años, sigue latente la interrogante que se formulan los padres: ¿cómo hablar de sexualidad con mi hijo?

Parece inevitable. En una conferencia sobre cómo establecer límites en la educación de los hijos, sobre transmisión de valores o sobre cómo tratar el *bullying*, es común que surjan dudas sobre la masturbación infantil, la desnudez, la manera en la que los niños descubren su propio cuerpo. En mi experiencia como terapeuta, también detecto el interés de los padres por la manera correcta de abordar la sexualidad en los niños y adolescentes. Por ejemplo, ellos desean saber si deben buscar el momento adecuado para decirles cómo vienen los niños al mundo, o si deben esperar a que su hijo se los pregunte; si es necesario que ambos hablen con el pequeño o si es preferible que sea el padre del mismo sexo, y si hay que facilitarles mucha información o sólo la necesaria para evitar sembrar inquietud en el menor. Y es que, como padres, lo que menos queremos es cometer errores o confundir lo que le vamos a comunicar a nuestros hijos.

He visto que muchos padres de familia buscan tener la certeza de que lo están haciendo bien, el aval de alguien que les dé la seguridad para seguir por el buen camino y les otorgue las herramientas necesarias para los próximos cuestionamientos que, probablemente, les van a formular sus hijos.

Con este libro quiero dar respuesta a esas interrogantes, ampliar el conocimiento sobre el tema y, al mismo tiempo, cimentar las bases necesarias para hablar sobre sexualidad tanto con niños como con adolescentes.

La obra está dividida en cuatro partes: "Teoría de la sexualidad", "Cómo contactar con tu propia sexualidad", "Cómo hablarles de sexualidad a los niños y adolescentes", y un último capítulo compuesto por un apartado sobre "Dudas frecuentes en torno a la sexualidad".

Para poder hablar sobre sexualidad se requiere que los padres se acerquen a la teoría de la sexualidad humana, a la anatomía y fisiología del sistema reproductor masculino y femenino, y que recuerden lo que les enseñaron en sus años de preparatoria. Es necesario que los padres estén conscientes de que vamos a nombrar a los cosas como son: no se llama "colita" ni "pirrín"; al órgano sexual masculino se le denomina pene y al órgano sexual femenino, vagina. Con esa claridad vamos a hablar sobre el tema, con la certeza de que tu hijo entiende lo que dices, porque ya está en edad de saber que los niños no vienen de París y que tampoco los trae la cigüeña.

Otro asunto importante es cómo contactar con tu propia sexualidad. Los padres de familia tendrán que sincerarse si se sienten cómodos, seguros y aptos para exponer el tema con sus hijos. Un porcentaje alto sobre la sexualidad que les vamos a transmitir a nuestros hijos, va a ser a través de mensajes no conscientes y no verbales. Los padres se deberán preguntar qué es la sexualidad para ellos, qué representa en su vida, cómo la conciben, qué tan importante es y qué valor le dan. ¿Se han puesto a pensar cómo podrá hablar de sexualidad una madre que cuando era adolescente fue violada, o que tenía una educación sexual muy reprimida y con su primer novio quedó embarazada a los 16 años? ¿Cómo podrá abordar el tema un padre que es represor, que para él todo lo relacionado con la sexualidad es algo que no está bien visto?

Estos mensajes que envía el inconsciente a nuestros hijos están presentes en nuestra experiencia, en cómo hemos vivido nuestra propia sexualidad, y se verán reflejados en la manera como expongamos el tema a nuestros hijos.

Aunque tu propia experiencia de la sexualidad no sea la más correcta, es necesario estar consciente. ¿Qué significa esto? Es darte cuenta de cómo vives tu propia sexualidad, para que en la medida de lo posible evites transmitir antivalores o prejuicios. Pensemos en alguien que es adicto a la pornografía; esto genera una connotación especial: no vive igual su sexualidad el que es adicto a la pornografía que el que no lo es. Por ejemplo, el padre que fue abusado sexualmente cuando tenía 8 años, va a transmitir la sexualidad con temor; inconscientemente se va a remitir al trauma que vivió hace años, acaso con mensajes como: "Es peligrosa la sexualidad, cuídate de que nadie te toque".

Después de hacer un examen de consciencia sobre cómo ha sido nuestra vida sexual, por último tendremos la forma en la que vamos a comunicar el tema a nuestros hijos. Es decir, las respuestas específicas a lugares, tiempos, edades y contenido. Será algo sencillo de llevar a cabo y, para tranquilidad de los padres de familia, la información que se proporciona en este libro estará acompañada de "momentos pedagógicos".

Aquí se quiere dar respuesta a varias dudas en materia de sexualidad. Como se verá, los temas se tratan de una manera sencilla, en un tono didáctico, informativo, para que cualquier lector pueda adentrarse en las páginas de este volumen.

Como lo dije en el libro *Límites y berrinches*, ya no es válido decir que nadie nace sabiendo cómo ser padre. Ante tanta información que hay sobre el tema, ya no podemos usar ese pretexto. Como padres, nuestra meta es lograr que nuestros niños sean responsables, crezcan felices y que tengan las bases para convertirse en hombres y mujeres independientes. Y eso lo vamos a lograr dándoles la información correcta, con amor.

CAPÍTULO I

Teoría de la sexualidad

Diferencia entre sexo y sexualidad

Cuando se dialoga sobre la sexualidad, es necesario establecer primero la diferencia entre sexo y sexualidad. Es común que la mayoría de la gente utilice el término de manera indistinta: se refieren al sexo en vez de hablar de sexualidad y viceversa. Los padres de familia suelen preguntarse: ¿cómo hablo de sexo con mi hijo?, cuando en realidad el término correcto es: ¿cómo hablo de sexualidad con mi hijo?

El sexo se refiere concretamente a la diferencia entre hombre y mujer. Por ejemplo, cuando en una solicitud de empleo se pregunta por el sexo y enseguida aparece "M" o "F", evidentemente sabemos a lo que se refiere. El sexo es la diferencia entre un hombre y una mujer: es biológico, genético.

Por el contrario, la sexualidad abarca un cúmulo de situaciones que tienen una gran connotación. La sexualidad remite a todo lo que tiene que ver con las relaciones humanas y las relaciones interpersonales, no sólo se trata del contacto genital. Hay sexualidad en el amor, en las caricias, en una amistad, en las relaciones con los que nos rodean.

> Los roles sexuales son una clara muestra de la sexualidad entre las personas; por ejemplo, el hecho de que un niño juegue con carritos y una niña con muñecas, está relacionado con la parte de la sexualidad y con la forma en que transmitimos valores e ideas.

La sexualidad también incluye los sentimientos y la forma en que nos relacionamos con los otros. La diferencia entre un hombre y una mujer está relacionada con el bagaje de vínculos sociales, culturales, familiares e interpersonales que identifica a las personas.

Diferencia entre sexo y sexualidad

Sexo	Sexualidad
Biológico	Amor
Genético	Caricias
Físico	Amistad
Relaciones con los otros	
Roles sexuales	

Desarrollo de la sexualidad infantil

Existen varias teorías sobre el desarrollo de la sexualidad. En la medida en que mejor las conozcamos y estemos informados, será más fácil hablar sobre ellas y ubicar qué repercusión tienen en los seres humanos.

El propósito de este libro es, además de orientar a los padres de familia sobre cómo deben abordar el tema de la sexualidad con sus hijos, hacerlos también conscientes de que requieren información clara y precisa sobre el desarrollo psicosexual del ser humano. En cierta medida, estas páginas son una guía práctica para identificar qué tanto se conoce sobre el asunto.

¿Qué es la sexualidad infantil?

> En el mundo del niño, la sexualidad infantil se describe como todo aquello que se refiere a la búsqueda de placer, su relación con otros, consigo mismo y con el mundo.
>
> No se trata de genitalidad o de sexo, sino de la expresión y evolución de su libido o energía sexual. La libido es una serie de impulsos vitales indiferenciados, de origen sexual, que el niño trata de satisfacer permanentemente; contiene un alto grado de placer, no necesariamente genital. En otras palabras, la libido es energía vital que se encuentra en el cuerpo; debido a ella, el niño busca un estado de tranquilidad a través de la gratificación de esa energía.

Desde el momento de su nacimiento, el ser humano está sujeto a sus deseos. Las necesidades se convierten en deseos ya que el niño no posee, de manera natural, la capacidad de satisfacerlas. Ya no se encuentra en el universo perfecto del vientre materno: ahora experimentará enojo, dolor, hambre, cansancio, sueño, reflujo, llanto, gritos, frío, calor, enfermedad. Y, curiosamente, es a través de estas sensaciones desagradables como se dará cuenta de que no es único ni omnipotente, que tiene que venir otra persona (mamá o papá) para resolver sus necesidades.

El niño se percatará de que él mismo no puede satisfacer lo que busca, a menos que encuentre un recurso para hacerlo. En este sentido, querer experimentar dicho placer lo conducirá inevitablemente a desear. A través del deseo y la satisfacción cubrirá su necesidad, circunstancia que poco a poco se irá traduciendo en una búsqueda constante que lo provea de gozo.

Desarrollo psicosexual del niño: el placer y los impulsos vitales

Cuando hablamos de impulsos, cabe aclarar que se considera deseo sexual ya que está regulado por el placer o el desagrado. Por ejemplo, el niño satisface su apetito a través del pecho materno, no sólo por cubrir una necesidad de alimentación sino porque adicionalmente experimenta placer, se siente reconfortado.

> El placer es el motor principal del aprendizaje de todas las conductas vitales. Ante la necesidad de placer, el niño recurre al único lenguaje del que dispone: su propio cuerpo.

La evolución psicosexual del niño depende de la erotización (sensaciones gratificantes) de su propio cuerpo, a través del cual obtiene placer.

A partir de las consideraciones anteriores, Freud distinguió etapas de placer en la sexualidad humana; las principales son: la oral, la anal, la fálica, la etapa de latencia y la genitalidad o pubertad.

Es necesario aclarar que en el desarrollo psicosexual puede existir una simultaneidad de etapas, debido a que se empalman o a que quedan residuos de las anteriores. Aquí se trabaja con aproximaciones generales. Todos los cálculos del tiempo de duración de cada etapa son relativos, pues dependen de cada persona.

Primera etapa oral, del nacimiento hasta los 6/8 meses.

Segunda etapa oral, del surgimiento de los dientes hasta los 11/14 meses. Zona erógena específica: los labios y la boca. Manifestaciones: succionar, chupar, balbucear. Situaciones paralelas: adopción de objetos de transición.

Etapa anal, del control parcial de los esfínteres, 11/18 meses, hasta el control total de los esfínteres, 30 o 36 meses de edad. Zona erógena específica: el ano. Manifestaciones: retener y soltar. Situaciones paralelas: desarrollo de motricidad y movimiento voluntario.

Etapa fálica, del descubrimiento del pene, 2/3 años, hasta los 4/5 años. Zona erógena específica: el pene y la vagina. Manifestaciones: tocamiento e introspección. Situaciones paralelas: fantasía de castración, complejo de Edipo y de Electra, surgimiento de roles sexuales.

Latencia, de la resolución de complejos, 5/7 años, hasta los cambios corporales evidentes, 11/12 años. Zona erógena: no específica. Manifestaciones: búsqueda de perfeccionamiento del lenguaje, de las normas de conducta, introspección. Situaciones paralelas: aparición de los primeros idilios amorosos como prueba de la posibilidad de un amor extrafamiliar.

Genitalidad o pubertad, de la aparición de caracteres sexuales secundarios (menstruación y primeras eyaculaciones), 11/12 años, hasta la inserción en el mundo social, 18/19 años. Zona erógena: Genital (no específica). Manifestaciones: desapego a los padres, volatilidad, cambios definitivos de anatomía y fisiología. Situaciones paralelas: establecimiento de primeras relaciones amorosas, resolución de satisfacciones físicas y simbólicas.

Al hacer referencia a estas etapas, se presenta un par de situaciones en la psique humana, cuya finalidad en común es reflejar que existe un apego que puede derivar acaso en una patología. Se trata de la fijación y la regresión.

La *fijación* es quedarse instalado en una etapa y no poder avanzar a otra. Tiene que ver con la búsqueda de placer y gratificación que se tenía en otra época. Esto implica un freno en el desarrollo emocional del individuo porque no pasa a etapas posteriores; en términos coloquiales, es como ver a un niño "abebado", que se niega a crecer. Por ejemplo, el niño de cuatro años que no ha podido dejar la mamila o el chupón puede llegar a tener una fijación. En cualquier caso hay que tratarla, ya que es probable que desarrolle una relación de dependencia enfermiza hacia los padres o algunas otras situaciones limitantes en su desarrollo emocional.

En la *regresión*, en cambio, una vez que ya se avanzó a otra etapa, el niño retorna a una que ya había dejado atrás. Por ejemplo: el niño de dos o tres años que ya no usa pañal, y que cuando nace su hermanito vuelve a requerirlo. Eso es una regresión. En ocasiones, el divorcio de los padres provoca que los niños vuelvan a una etapa anterior: si la niña dormía sola, ahora ya no puede hacerlo, quiere estar con su madre y le tiene miedo a la oscuridad. Por lo general, la regresión es un asunto pasajero.

1. La etapa oral, el placer a través de la boca

El placer oral inicia desde el nacimiento o tal vez antes: desde el vientre materno. Su principal manifestación y la más importante es succionar, chupar para adentro. El niño empieza a darse cuenta de que satisface el apetito a través del contacto que tiene su boca con el pecho materno. Esta acción no sólo cubre una necesidad alimenticia, sino que muy pronto hará que se percate del placer que experimenta al comer junto con la plena conexión que posee con su madre, quien le habla, lo arrulla, lo acaricia, le proporciona calor, lo mima.

Así empieza la focalización del niño sobre los efectos placenteros que representa el uso de la boca. Cuando el niño tiene hambre, se siente mal. El pecho o el biberón, además de quitarle el hambre, le ofrecen un universo rico en sensaciones corporales; aunque la boca es la zona erógena específica en la que se concentra durante esta etapa, el placer lo experimenta a través del oído, la vista, el olfato y el tacto.

> Cuando el niño (por casualidad o con intención) empieza a asociar que aquello que lo alimenta le proporciona satisfacción, descubre que la boca es su primer gran centro de captación de placer.

Por eso comienza a llevarse a la boca todo lo que esté a su alcance, busca el placer que le da el chupar. Cuando no tiene hambre, explora con los labios su cuerpo (sus manos, sus pies) y otros objetos (chupón, juguetes). Si lo observamos desde la connotación genital, estas acciones representarían una especie de masturbación.

> El placer oral está absoluta, total y radicalmente asociado a muchísimos comportamientos presentes en la vida adulta. Los fumadores, los bebedores, los comedores compulsivos, y todos aquellos que encuentran una satisfacción a través de la boca, son adultos con ciertas fijaciones en la etapa oral. Dicha situación no implica un problema o un trauma grave que provenga de esa etapa psicosexual, sencillamente representa la búsqueda de placer y la tranquilidad primigenia de todos los seres humanos.

Cuando inicia la dentición, se presenta el destete y teóricamente tiene lugar la salida de la etapa oral. A pesar de que el niño se empieza a desarrollar hacia otras fases, la boca sigue dándole ciertas satisfacciones. Comienza a gestarse un cambio en la relación que hay entre la boca y las cosas. Entonces brotan los balbuceos o primeras palabras.

A partir de los seis u ocho meses de edad, el niño se da cuenta de que a través de la boca puede hacer que vengan a satisfacerlo; así, se pone a gritar y articula algunos ruidos; alrededor de los 11 o 12 meses, la boca continúa siendo el centro de la obtención de placer porque lo nutre, lo satisface al emitir sonidos y se siente comprendido.

En ese mismo periodo se da la adopción de un objeto de transición.

> A través de un mecanismo generalmente inconsciente, el niño deposita representaciones simbólicas de la gente que lo rodea (mamá, papá, la nana, los abuelos), y le otorga a ese objeto los afectos que siente hacia las personas cercanas. Es su manera de suplirlas cuando no están cerca de él.

Este objeto de transición es mucho más común de lo que podemos pensar. No debe considerarse como algo patológico o anormal. Sin embargo, el exceso de apegos a estos objetos (una cobija, un peluche), puede llegar a ser disfuncional. En ocasiones, la ruptura con el objeto se presenta de manera natural, pero en caso de que no ocurra así, es recomendable quitárselo de golpe, sobre todo si el hecho puede estar asociado a un evento importante; por ejemplo: el día de su cumpleaños se le puede decir que debe ir apartándose de cosas de su pasado, y si además lo asociamos a un acto de bondad, como que todo lo que deje atrás se le regalará a un niño de la calle o se llevará a un orfanatorio, el desprendimiento será más efectivo.

Si el apego es muy fuerte, es aconsejable tratar el asunto de manera menos radical, por medio de alejamientos sucesivos que son lo opuesto a las aproximaciones sucesivas en la técnica de trabajo orientada hacia las fobias. Se trata de acciones que van alejando poco a poco al objeto del niño. Por ejemplo, se puede sugerir al niño que deje su objeto en la sala cuando sea la hora de dormir; olvidarlo en casa cuando se ausenten temporalmente o vayan a un paseo. Otra estrategia podría ser "hoy te lo doy, mañana no...", y así, hasta que se acostumbre a estar tranquilo sin la cobijita o el peluche.

La pérdida del objeto de transición puede ser fuerte para los niños. Es factible que el niño llore cada vez que se acuerde de él, pero no es un elemento que origine un trauma de por vida. Generalmente, este hecho es más complejo y angustioso para los padres que para los niños.

2. La etapa anal, el control de esfínteres

La segunda etapa del desarrollo psicosexual es la etapa anal, inicia cuando el niño experimenta placer al orinar o al defecar de manera voluntaria, alrededor de los 11 o 18 meses y termina cerca de los tres años.

Cuando el niño va al baño, alivia la tensión que siente en su interior, lo que genera una sensación placentera en muchos sentidos. La satisfacción es porque desecha algo pesado que le causa malestar. El niño comienza a tener el control de su cuerpo y entabla un juego, a través de sus esfínteres, consigo y con sus padres. Un ejemplo que ilustra esta idea es el siguiente: la mamá de un niño de dos o tres años está platicando con otra mamá de un compañero a la salida del kínder; el niño comienza a desesperarse porque no se mueven y dice: "¡Mamá, mamá, ya vámonos!, ¡mamá, mamá, cómprame!, ¡mamá, mamá, cárgame!, mientras que la señora lo ignora, o no le pone la suficiente atención y sigue platicando. De pronto el niño exclama: "¡Mamá, popó!", y en ese momento la madre detiene al mundo para poder llevarlo a un baño.

Controlar sus esfínteres le da al niño la posibilidad de tener el control de su entorno, dominar cuestiones emocionales y conductuales, particularmente sobre sus padres. El juego de contención y expulsión de sus desechos sustituye al placer oral. Deja de focalizarse en la boca para satisfacerse a través de la contracción y la expansión de su ano.

Cuando el niño controla sus esfínteres, evidentemente comienza a controlar todo lo que le rodea.

Es importante mencionar que este hecho significa que es la primera vez que algo depende del niño. Antes de esto nada estaba en sus manos: ni alimentarse ni dejar de tener frío o calor, estar cambiado o no. Todo obedecía a factores externos. En esta etapa descubre que hay cosas que pueden depender de él, circunstancia que genera una gran gratificación para el niño.

Si en la etapa oral el placer era compartido, madre e hijo se satisfacían emocionalmente, esa relación se diluye durante la etapa anal. La madre comienza a expresarse con repulsión sobre estas nuevas acciones del cuerpo del hijo, y ya no hay más canciones lindas en el regazo. El niño observa el nivel de fastidio que puede causar este juego con la molestia de los padres, y esto repercute en el asunto de los límites y el control, ya que comienza a percatarse de que capta una gran cantidad de atención. Es probable que de aquí surjan las primeras confrontaciones de los hijos con los padres.

Uno de los grandes motores de la conducta infantil es hacer enojar a los padres. Y esto generalmente responde a que los padres, como principales confrontadores de las necesidades de los niños, con frecuencia enfrentan a sus hijos por sus placeres. Es decir, cuando el pequeño quiere comer, se le impide si no es la hora o se le reprime si juega en la mesa; cuando el niño se quiere dormir fuera de la hora, se le dice que no lo haga o si no se quiere ir a dormir, se le obliga a hacerlo, metiéndolo en su cama, apagándole la luz y ordenándole que se duerma.

Todo el tiempo estamos confrontando a nuestros hijos y eso los irrita. La forma que encuentran para desquitarse de ese malestar que generamos en ellos es haciéndonos enojar. En esta etapa anal son conscientes de que pueden causar mucho enfado a los padres con sus desechos, además de lograr otro de los grandes objetivos de los niños: captar atención.

Para que los padres salgan airosos de esta etapa, es básico contar con el deseo que tienen los niños de ser grandes, para hacerlos responsables de su ropa interior y hacerles sentir rechazo con sus desechos. Poco a poco esto lo irá llevando a renunciar al placer erótico que esta zona le representa, además de que coincide con la fascinación que genera en él la movilidad voluntaria. Resulta aconsejable decirle: "tú ya eres grande, ya no necesitas pañal". De igual manera, la sensación de rechazo permanente de quienes lo rodean, suele orillarlos hacia la conclusión de esta etapa.

Alrededor de los tres años, el niño ya puede hacer y deshacer; cerrar y abrir una puerta. La ausencia y presencia de los objetos y las personas dependen de su voluntad. Se da cuenta de que no solamente al controlar sus esfínteres domina su entorno, y poco a poco sale de esta fase.

> Al igual que con la etapa oral, hay algunos comportamientos adultos que de alguna manera están asociados a la etapa anal: el estreñimiento, la avaricia, el coleccionismo y la frigidez.

Con esta etapa surge uno de los comparativos más comunes que utilizan los papás: el que su hijo todavía use pañal, mientras que el de su amiga o sobrina ya no. Y es importante que se entienda que los parámetros teóricos y de investigación sobre el desarrollo psicosexual dependen de cada organismo.

3. La etapa fálica, el descubrimiento de las diferencias sexuales

La etapa fálica es la tercera etapa psicosexual, aparece alrededor de los dos y tres años. Comienza con el descubrimiento de las diferencias sexuales anatómicas entre el hombre y la mujer, cuando el niño se empieza a percatar de que entre los dos sexos hay cuerpos distintos. El foco de atención radica en la presencia o ausencia del pene. Se da de forma simultánea con la fantasía de castración, y los complejos de Edipo y Electra.

Las diferencias de sexo pueden ir o no acompañadas de roles sexuales o de sexualidad; en general, todo se concentra en los genitales del hombre. En este caso, la libido o pulsión sexual abandona la zona erógena anal, para depositarse alrededor de la zona pélvica. La pulsión sexual estará centrada y focalizada en los genitales, masculino y femenino, como zona erógena por excelencia, la cual ya no se va a abandonar.

En esta etapa hay que recordar que la curiosidad es un asunto inherente en los niños. Ellos tendrán que saciar su interés y, al mismo tiempo, saber identificar las diferencias sexuales entre hombres y mujeres. Aunque es natural, no quiere decir que se deba obligar a que el niño conste te esas diferencias.

En esta fase, los niños se dan cuenta de que tener un sexo les imposibilita ser de otro. Por ejemplo, los niños se dan cuenta de que tienen pene y que no podrán ser como su mamá cuando sean grandes. Y a la inversa, las niñas, al ver que no poseen un pene, se percatan de que no podrán crecer como su papá. Puede darse el caso de que exista una tendencia hacia la homosexualidad o también que se trate del resultado de un pensamiento, deseo o preferencia; es como si los niños expresaran: "me gusta más el otro sexo".

Fantasía de castración

La presencia o ausencia del pene está absolutamente vinculada a lo que se denomina *Fantasía de castración*. Entre los niños y las niñas la asociación que se formula es: unos sí tienen y otros no, y comienzan a cuestionarse: "¿por qué te lo quitaron?". No necesitan de un hermano menor para darse cuenta del contraste. Los niños investigan a fondo el asunto: se espían entre ellos, observan a sus padres como si se tratara de un juego, y se van dando cuenta.

En los hombres la ausencia y presencia del pene y los testículos es vivida como una amenaza de castración. Puede ser que lleguen a pensar que si se portan mal, si no obedecen, si están enfermos, les pueden cortar el pene, asunto que genera angustia y queda ligado al descubrimiento de roles sexuales.

Tener o no tener pene es interiorizado como un castigo infringido; es decir, se tiene pene porque hice algo bien, y no se tiene porque algo hice mal, como si fuera posible que se castigara de esa manera. En la llamada fantasía de castración es común que el niño reflexione: "no tienes pene, te lo cortaron; yo sí tengo, no me lo han cortado".

Por otro lado, la falta de pene en las niñas se interpreta como un castigo, y esto, a nivel sociológico, se estudia como parte de un símbolo de poder. El falo en todas las generaciones y civilizaciones ha representado un símbolo de poder.

Complejo de Edipo

Paralelamente a la fantasía de castración, se presenta el complejo de Edipo, que es un enamoramiento simbólico, una idealización de la madre. En este proceso, el complejo de Edipo lleva al niño a tener una relación muy cercana con la madre (carente de pene) como una forma de proveerla, de proporcionarle lo que le falta a ella.

Los niños empiezan a decirle a su mamá lo bonita que es, hablan de ella como lo mejor del mundo. Y, en este momento, la imagen del padre juega un papel fundamental, pues el niño se percata de que la atención sexual y de pareja de la madre no se dirige hacia él sino hacia su papá, a quien confronta porque le estorba y considera su rival. He tenido casos en sesiones de terapia donde los hijos varones me han dicho: "quisiera que mi papá se fuera de viaje y ya no regresara, o que sólo estuviera con nosotros los fines de semana". En ocasiones les pido que elaboren un dibujo y me ha tocado ver que se retratan sin su padre, porque en la relación que sostienen o anhelan seguir teniendo con su progenitora, la figura paterna les estorba.

> Mi papá me recuerda que mi mamá no es mía, que esa mujer no es para mí, que es para él.

El niño, en esta etapa, se encuentra tan enganchado con la mamá que de pronto es muy difícil romper esta relación intensa y problemática. Si no se disuelve a tiempo, o incluso se alienta, lo más probable es que el vínculo de dependencia mutua entre la madre y el hijo sea muy compleja en la vida adulta.

La primera fuerza que tiene que entrar en juego en esta ruptura es la del deseo de separarse, latente en el niño. Está bien que a los tres o cuatro años de edad madre e hijo estén muy vinculados; a los cuatro, cinco, o seis años ya no se ve muy bien que haya caricias, y a los niños naturalmente les empieza a dar un poco de pena que sus mamás los mimen cuando hay amigos o conocidos.

Si no existe una intención o interés necesario (impulso de convicción) en el niño para separarse de su madre, deberá entrar una segunda fuerza: la mamá tendrá que sacar al hijo de sus ataduras e invitarlo a que haga cosas solo o que busque nuevos amigos. Es decir, que empuje al niño a desprenderse. Pero si la madre no lo puede encaminar porque está muy enganchada con el niño, será necesaria la intervención de una tercera fuerza: el padre deberá fomentar que su hijo vaya por otro camino. Deberá jalarlo para desprenderlo de la madre. Es importante mencionar que si no existe la presencia del padre, este proceso deberá darse con una figura representativa masculina. Si se cumplen estas tres condiciones, finalmente se soluciona esa relación y se disuelve el complejo de Edipo.

La experiencia vivida durante el proceso del complejo de Edipo es un gran ejemplo de cómo los niños se van a vincular de manera afectiva en sus relaciones emocionales futuras. Por ejemplo, si yo tuve una mamá sobreprotectora, que no me dejaba hacer nada, me voy a conseguir una pareja igual o que sea todo lo contrario, puedo buscar una mujer castrante o ausente, lejana.

En ocasiones, las madres refuerzan la fantasía edípica y esto hace que el niño no se ubique en su realidad. Por ejemplo, hay madres que permiten que sus hijos les toquen los senos o les agarren las nalgas. (Ellas lo dejan porque piensan que el pequeño está jugando). Pero esas madres, ¿qué van a hacer cuando les digan en la escuela el que niño le tocó los senos a la maestra? ¿Van a seguir viendo esta conducta como algo normal? Y todavía a esto habría que agregarle el mensaje contradictorio que se maneja: "nadie debe tocar tu cuerpo, menos tus partes íntimas". Pero la madre sí le permite al niño que la toque. ¿No resulta esto ilógico?

La ruptura psicosexual sana con la madre deberá conducir al niño hacia la estimulación sexual de su propio cuerpo, hacia una sexualidad normal y responsable.

> La sobreprotección no parte de la necesidad del niño sino de la madre.

La ausencia del padre

Si no hay papá, se tendrán que dar todas las condiciones para dejar que el niño se desvincule por sí solo de la madre en el esquema edípico; y, si el niño no deja a la madre, ésta tendrá que hacer todo lo posible para no generar lazos de dependencia emocional y afectiva intensos. Es probable que el niño adopte figuras masculinas sustitutas: el abuelo, el tío, el primo, maestros, terapeutas... Lo importante es que toda relación estrecha y enfermiza entre la madre y el hijo se empiece a romper oportunamente para no generar dependencias insanas y hombres con "mamitis".

> En el complejo de Edipo el niño no podrá quedarse estancado en la relación amorosa con su madre y deberá plantearse otros objetos sexuales: su propio cuerpo. Paradójicamente, esta situación le dará acceso a una sexualidad adulta, sana, normal y responsable.

Complejo de Electra

La etapa fálica conduce a la mujer a descubrir la carencia de pene (envidia del pene), pero al mismo tiempo, a encontrar su zona erótica: todo su cuerpo y el clítoris. La niña se identifica con el padre y también tendrá una relación de amor simbólico. A dicha dependencia se le conoce con el nombre de complejo de Electa.

En ese proceso, la niña (quien sufre también un complejo, conocido como de Electra, un enamoramiento simbólico hacia el padre) se percata de que papá es grande, fuerte, provee, nutre, apoya y que él puede resolver todos los problemas, aun los más difíciles de manejar. Se idealiza, se genera una relación muy estrecha, muchas veces reforzada por el padre, quien también siente que es muy gratificante el vínculo que mantiene con la hija, sobre todo porque es la primera vez que prefieren al padre en vez de la figura materna.

El padre, hasta ese momento, ha sido una presencia secundaria sin mayor participación física con los hijos desde su nacimiento, y puede ser difícil manejar ese estrecho vínculo que se forma.

> Durante este enamoramiento simbólico hacia el padre, se gestan los primeros enfrentamientos reales hacia la mamá. Tiene lugar una confrontación ocasionada por los celos y la rebeldía de la hija, cuando ésta se percata de que su madre le estorba en la relación que conserva con su padre.

Sin embargo, aunque este vínculo no llega a ser tan intenso como en la edípica, la ruptura del llamado complejo de Electra es un tanto más difícil a la hora de comenzar a actuar en sus propios roles sexuales. La prohibición de intimidad sexual con el padre, llevará a la niña a desear otros objetos sexuales. Gracias a las habilidades que hay en la madre para promover el compañerismo y momentos de complicidad femenina, será más fácil disolver el enamoramiento idílico que presenta la niña.

Suele ser más complicado disolver el complejo de Edipo que el de Electra, porque la niña se vuelve a identificar con su madre. En el caso de los varones, no necesariamente ocurre de esa manera.

En esta etapa las niñas empiezan a experimentar placer, a través de lo que comúnmente se conoce como masturbación infantil, mucho antes que los niños. El contacto con el clítoris es más fácil que el manejo del pene erecto.

Homosexualidad durante la etapa fálica

De pronto, el niño y la niña se percatan de que tener un sexo imposibilita ser de otro, y presentan de forma muy temprana ciertas inclinaciones o preferencias hacia elementos del otro sexo. Entonces se empieza a generar un conflicto a nivel social.

Hay casos de homosexualismo muy claro o de tendencias muy marcadas hacia cuestiones del sexo opuesto, pero también existe la gran curiosidad del niño. En esta etapa algunas niñas se muestran rudas, les da por jugar luchitas en las fiestas infantiles y hasta les gusta practicar futbol en equipos de varones. Por su parte, habrá niños que prefieran cosas delicadas y muñecas, situación que de alguna manera implica algún conflicto con el entorno. Esta reacción no siempre quiere decir que los niños van a preferir tener otro sexo o preferencias sexuales hacia personas de su mismo sexo, simplemente es parte de su crecimiento y volverán al rol que los identifica con su sexualidad.

Si el niño o la niña no regresan a adoptar conductas propias de su sexo, habría que pensar en acudir con un especialista y conocer si realmente es una preferencia pasajera o se trata de una tendencia ya acentuada. En este punto, aconsejo que los padres no saquen deducciones antes de tiempo y tampoco presionen al niño para que prefiera entretenerse con los juguetes propios de su sexualidad.

¿Qué es recomendable hacer para no fomentar este tipo de conductas en los niños?

Que se restrinjan sutilmente lo más posible esos intereses.

Que se manden mensajes muy claros de que a pesar de no tener nada de malo que a un niño le guste el rosa o a una niña el futbol o los coches, son conductas que socialmente no están del todo bien vistas.

Los padres deberán ser flexibles y no presionar a su hijo.

4. Periodo de latencia, hacia la resolución de conflictos

La latencia se presenta entre los 6 y los 11 años de edad; a veces inicia antes y en algunos casos termina después. Empieza cuando el niño logra separarse de la identificación estrecha que tiene con sus padres, es decir, en el momento en que comienza a resolver los complejos psicosexuales (Edipo y Electra), y cuando las pulsiones sexuales dejan de centrarse en su cuerpo.

Durante este periodo, el niño centra su energía en el perfeccionamiento del lenguaje, en la construcción de sus relaciones sociales y en la búsqueda de la mediación de las normas de la conducta. Se la pasan corrigiéndote cuando hablas mal, preguntando cómo se dice tal palabra e indagando su significado, en tanto que van eligiendo a sus mejores amigos, casi siempre relacionándose con los de su sexo. Utilizan el sarcasmo y la burla en sus relaciones amistosas, y se convierten en los grandes críticos del mundo: esto no les gusta, les parece mal, fuera de moda, aburrido, menos *cool*.

No desaparece el interés sexual, pero sí disminuye, está latente; de ahí que aparezcan los primeros idilios románticos que son una prueba de la posibilidad de un amor extra familiar. Estos intercambios de experiencias con el sexo opuesto darán pauta a las futuras relaciones en la pubertad, adolescencia y adultez.

No es extraño que en esta etapa surja una situación de conflicto que involucre las diferencias de sexo. En ese sentido, las escuelas mixtas pueden ser la mejor manera de sobrellevar este tipo de enfrentamientos. Antes, las escuelas solían ser sólo de hombres o de mujeres, pero con el tiempo se dieron cuenta que este tipo de educación no ayudaba a la sana vinculación con gente del sexo opuesto.

El niño termina de reafirmarse en su rol social, lo que representa la preparación para la gran explosión de la pubertad y la adolescencia.

5. Pubertad o genitalidad, el choque generacional

La quinta fase psicosexual es la pubertad, en donde se gestan los cambios biológicos secundarios (definitivos) de cada uno de los sexos. Se trata de la etapa más difícil de determinar en cuanto al tiempo que dura; sin embargo, siempre se relaciona su inicio a hechos fisiológicos muy evidentes (eyaculación y menstruación), y su final está asociado a cuestiones sociales, como la inserción del individuo al campo laboral.

Entonces es factible plantear que los primeros asomos de la adolescencia ocurren aproximadamente entre los 11 o 12 años de edad, y su término, en teoría, tendría que ser a los 18 o 19 años, aunque hay muchos casos de adolescentes tardíos a los 20, 22, o 25 años.

> Esta etapa es sumamente complicada debido a que prevalecen actitudes infantiles combinadas con otras propias de la vida adulta. Se empieza a gestar un choque que, en cierta forma, enreda este paso. Es un periodo indefinido, en donde los pubertos no son niños ni adultos, simplemente son adolescentes, que adolecen de consciencia, de madurez, de criterio, entre muchas otras cosas.

La etapa de la pubertad evidentemente está cargada de cambios físicos y biológicos.

Anatomía y fisiología

Conviene recordar que la *anatomía* es el estudio científico de la forma y estructura interna o externa de los seres vivos, especialmente de los seres humanos. Por su parte, la *fisiología* se refiere al funcionamiento de cada una de las partes del cuerpo. El conocimiento acerca de los órganos genitales del hombre y de la mujer permite comprender la fisiología de su doble función: la de reproducción y la de placer sexual. Ambas funciones están muy ligadas y, a la vez, son independientes entre sí.

Es fundamental tener al menos un conocimiento básico acerca de la propia anatomía, sobre todo por razones de salud. Y claro, también para poder explicarles a nuestros hijos el funcionamiento del aparato reproductor masculino y femenino. Ejemplos hay varios, menciono en este momento sólo uno: una mujer que desee proteger su salud, deberá saber algo sobre sus senos, el cuello del útero, el útero, y en particular sobre los síntomas que indican trastornos en estos órganos.

El hombre y su cuerpo

Cambios físicos puberales en el hombre

- Crecimiento de los genitales.
- Aparición de vello púbico.
- Espermatogénesis (producción de espermatozoides que inicia alrededor de los 11 o 12 años).
- Crecimiento del vello en la cara, brazos, axilas y pecho.

- Ensanchamiento de pecho y espalda.
- Engrosamiento de la voz.

La pubertad se puede presentar entre los 9 y 14 años. Su desarrollo depende mucho de otros factores como: herencia, influencias endocrinas, raza, clima y situación geográfica.

Anatomía del aparato reproductor masculino y trastornos

1) El pene. Es el que comúnmente se identifica como el órgano sexual masculino. En su interior pasa la uretra, conducto por donde se excreta tanto la orina como el semen. Su tamaño cambia, depende de factores étnicos, climáticos y estado de ánimo.

El hombre tiene un promedio de 11 erecciones durante el día, y durante la noche unas 9.

A lo largo del pene hay tres columnas de tejido eréctil: dos cuerpos cavernosos juntos y un cuerpo esponjoso que se agranda para formar el glande y su corona. El prepucio es una capa de piel que cubre al glande cuando el pene está flácido. Los cuerpos del pene poseen una abundante provisión de vasos sanguíneos, los cuales están vacíos cuando el pene no está erecto.

En algunas culturas, o por higiene, se corta ese prepucio para que el pene quede libre, sin esa capa de piel; a esa operación se le denomina circuncisión. Cuando se llega a practicar, se hace regularmente en los primeros meses de vida del niño, para que no le cause mayor dolor cuando sea más grande.

Las madres que tienen hijos pequeños que no han sido circuncidados, se sugiere que levanten esa capa de piel y la laven cada vez que el niño tome un baño para que no se acumulen bacterias; también, al orinar, es recomendable que les enseñen a los niños a jalar ese pellejo y así evitarán el contacto con la orina.

Las primeras erecciones del hombre se dan en el último trimestre del embarazo, cuando aún son fetos.

Eyaculación: es el proceso por medio del cual el semen es expulsado a través de la abertura del glande, y esto se debe a la contracción de todos los órganos genitales: epidídimo, conducto deferente, próstata, vesículas seminales y uretra. La eyaculación puede ocurrir durante el sueño (sueños mojados o húmedos), como resultado de caricias, masturbación y por coito. No siempre que hay erección se presenta la eyaculación.

El pene constituye el equivalente masculino del clítoris femenino; está equipado con numerosos receptores de placer que cuando son estimulados, producen una muy agradable sensación en el cerebro del hombre. La anatomía del pene, como se mencionó anteriormente, consiste en tres cilindros de tejido que poseen la capacidad de llenarse de sangre —lo que causa la erección—, cuando un hombre piensa en el sexo. Al final de estos tres cilindros se encuentra el glande, que tiene forma cónica, y es la parte más sensible.

El pene no se para ni se levanta, el término correcto es: se erecta. El pene promedio de un hombre mide entre 12.7 y 15.3 centímetros (5 a 6 pulgadas), mientras que el pene de una ballena azul mide 3.6 metros (11 pies).

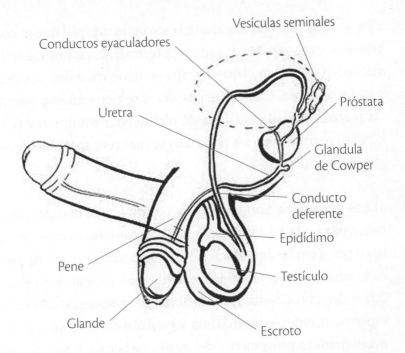

Vesículas seminales

Conductos eyaculadores

Próstata

Uretra

Glandula de Cowper

Conducto deferente

Epidídimo

Pene

Testículo

Glande

Escroto

2) Escroto. Es una bolsa de piel en cuyo interior están contenidos los testículos. Poseen varias capas dentro de las cuales se encuentran fibras musculares como el cremaster, que provoca la elevación y el descenso de los testículos. Funciona como regulador de la temperatura (dos o tres grados menos que el resto del cuerpo), que ayuda a la adecuada producción de espermatozoides. Esta es la razón por la cual los testículos se encuentran fuera del cuerpo masculino.

El principal motivo de infertilidad masculina es que no se presenta el descenso de los testículos y, como los espermatozoides no tienen la adecuada temperatura, no se producen. A esto se le denomina criptorquidia.

¿Cuándo deben de comenzar a bajar los testículos? Desde el nacimiento y, a medida que pasa el tiempo, deben ir descendiendo cada vez más. La capa del escroto es una piel que se contrae y se expande de acuerdo a la temperatura; por ejemplo, cuando hace mucho frío esa capa se pone muy tiesa, es dura e incluso rugosa. Cuando hace calor o se tiene mucho tiempo las piernas cruzadas, la capa de piel se hace totalmente fláccida para permitir que los testículos se mantengan a una correcta temperatura.

3) Los testículos. Son un órgano par de forma ovoide que se desarrolla en la cavidad abdominal. Su tamaño es de 4 cm de largo por 3 cm de ancho y 2 ½ cm de espesor aproximadamente. Es común que el testículo izquierdo sea más grande y pesado que el derecho. Constituyen el hábitat de millones de diminutos espermatozoides, cuya máxima aspiración consiste en unirse al óvulo maduro proveniente del ovario de la mujer, para formar así un bebé. Los espermatozoides producidos por los testículos encuentran el camino a través de conductos masculinos, de tal manera que podrán ser eyaculados en el momento del clímax.

> El organismo produce entre 100 y 200 millones de espermatozoides en una eyaculación y tiene un volumen aproximado de 3 mililitros.

Los testículos también tienen otra función: la de producir hormonas masculinas o testosterona, que otorga al hombre los caracteres sexuales secundarios de pilosidad, musculatura y agresividad.

> Un hombre eyacula aproximadamente 7,200 veces en su vida; de éstas, 200 serán por la masturbación.

4) Los epidídimos. Se encuentran en la parte superior y rodea los testículos. En ellos terminan su maduración y se almacenan los espermatozoides hasta el momento de la eyaculación. En el caso de que no se presente una eyaculación, los espermatozoides son absorbidos por el tejido que los rodea.

5) Conducto deferente. Hay uno por cada testículo y su función es transportar a los espermatozoides desde el epidídimo hasta la vesícula seminal. Su longitud es de 40 a 45 cm.

> Durante la eyaculación, el semen alcanza una velocidad de 45 kilómetros por hora.

6) Vesículas seminales. Son órganos muy importantes; su función es proteger y nutrir a los espermatozoides. Las dos estructuras tienen cada una forma de un saco que mide aproximadamente 7 cm, y se encuentran situadas a los lados de la próstata, detrás de la vejiga.

7) Conductos eyaculadores. Se trata de los canales que transportan el esperma desde los testículos hasta el pene. Normalmente, el hombre posee dos de estos conductos; algunos tienen tres, aunque esto no significa una ventaja. Los tubos se parecen mucho a los espaguetis: se pueden palpar con la yema del dedo a través de la piel del escroto, junto con los vasos sanguíneos, para percibir cómo se dirigen a la ingle.

La razón de que actualmente se estudien los conductos eyaculadores con tanto interés, consiste en la extensión práctica de la vasectomía. Y es que vasectomía significa justamente cortar el conducto. Dicha operación consiste en realizar dos minúsculas escisiones en la piel del escroto, para cortar a través de ellas cada uno de los conductos seminales, y ligar los extremos.

¿Por qué están en desventaja los hombres que tienen un tercer conducto eyaculador? Porque el cirujano probablemente no notará que tiene un conducto más de lo normal y lo dejará abierto. En tales casos, la vasectomía no funcionará. Sin embargo, el examen de esperma que se realiza varios meses después de la operación detectará la existencia de otro conducto seminal que envía gran cantidad de espermatozoides; entonces puede realizarse la misma operación con el tercer conducto.

El hombre puede lograr una erección en menos de diez segundos. Es por esto que la curva de excitación en el hombre es considerablemente más corta que en la mujer.

Los conductos eyaculadores no parecen tener ninguna función hormonal. De ahí que la vasectomía no represente una disminución en la producción de hormonas o en la potencia sexual del hombre. Por el contrario, le proporcionará una sensación de confianza, al no exponer a su compañera al riesgo de un embarazo no deseado.

En todo el mundo se realizan alrededor de unas 100 mil vasectomías anualmente.

8) Próstata. Se trata de una glándula que rodea a la uretra. Tiene aproximadamente el tamaño de una nuez, con un agujero que la atraviesa. ¿Para qué sirve? Su única función conocida es la sexual: contribuye a formar el fluido que el hombre eyacula durante el orgasmo, el líquido alcalino, claro y lechoso que nutre a los espermatozoides y los protege de la acidez de la uretra producida por la orina y de la vagina.

De alguna manera, la secreción prostática es la que confiere ímpetu al esperma, y el volumen añadido da probablemente un cierto relieve a su satisfacción sexual.

Desde el punto de vista sexual, la estimulación de la próstata es posible y bastante practicada en países más o menos exóticos. Se hace masajeando suavemente, con el dedo bien lubricado y tiende a producir un orgasmo más intenso, con mayor poder de eyaculación. Sin embargo, como el masaje tiene que darse a través del ano, supone algunos riesgos de higiene, al tiempo que agrede o incomoda a algunos hombres por tratarse de una situación asociada con la homosexualidad.

A la próstata también se le conoce como el punto G masculino.

Trastornos

Con respecto a la próstata, se suelen presentar problemas importantes como inflamación y cáncer.

Inflamación. En la mayoría de los hombres, la glándula aumenta marcadamente de tamaño después de los 50 años de edad. Por razones obvias este crecimiento interfiere en la eliminación de la orina; si la inflamación es demasiado grande, terminará por impedir la micción.

Cáncer de próstata. Es, por supuesto, mucho más serio. Se trata a menudo con éxito extirpando la glándula, y con hormonas y radioterapia.

> La resección transuretral es una operación mediante la cual se elimina parte de la próstata, con un fino instrumento introducido a través de la uretra.

9) Glándulas de Cowper. Se encuentran ubicadas debajo de la próstata. Su función es producir un líquido transparente, aceitoso, que saldrá por el pene antes de que tenga lugar la eyaculación. Sirve para lubricar el conducto de la uretra, para que puedan salir de ahí los espermatozoides. También se le conoce como glándulas bulbouretrales.

> El líquido que producen contiene espermatozoides, por lo que la práctica del *coitus interruptus* como método anticonceptivo (consiste en retirar el pene de la vagina antes de la eyaculación), no es recomendable.

10) Uretra. Conducto que comienza en el cuello de la vejiga y termina a nivel del glande en el meato urinario. Su función es doble: elimina la orina y conduce el semen en el momento de la eyaculación.

11) Espermatozoides. Están compuestos por cabeza, cuello y cola. En la cabeza se encuentran los 23 pares de cromosomas que representan la mitad de la herencia biológica del nuevo ser. La producción de espermatozoides, que dura entre 60 y 70 días, se inicia en la pubertad y termina con la muerte.

> La vida de cada espermatozoide dentro del cuerpo de la mujer es de 3 a 7 días y se mueve a unos 14 o 16 cm por hora.

Algunas personas creen que sólo basta con que el pene esté erecto para que tenga lugar una eyaculación. Sin embargo, debe de existir movimiento, estimulación (ya sea con la mano en el caso de la masturbación o con el contacto vaginal) para que ocurra la eyaculación. En ese sentido, el orgasmo masculino es una contracción muscular que tiene como finalidad la expulsión de espermatozoides.

La mujer y su cuerpo

La mayor diferencia entre el cuerpo masculino y el femenino, reside en la actitud totalmente distinta que ambos adoptan frente a sus propios cuerpos. Los hombres suelen contemplar sus cuerpos de manera mecánica y cruda, y piensan, con mucha frecuencia, que pueden actuar de la misma forma frente al cuerpo de las mujeres. Es vital para el hombre advertir que las mujeres rechazan cualquier tipo de aproximación mecánica a sus cuerpos. Todo hombre que piense que una mujer es como un coche —se oprime el botón correcto y se pone en marcha— deberá estar preparado para recibir una decepción. La mujer necesita más de demostraciones de afecto antes de entregarse al contacto sexual.

La mujer mira a su cuerpo en términos más románticos y misteriosos —incluso místicos—. Para ella, su cuerpo es una fuente de interesantes fantasías. Sólo el hombre que la trate de la forma en que ella desea ser tratada, tendrá verdadero éxito cuando intente satisfacer sus necesidades eróticas.

Cambios físicos puberales en la mujer

- Crecimiento de los senos.
- Ensanchamiento de cadera.
- Adelgazamiento de cintura.
- Crecimiento de genitales.
- Cambio en la modulación de la voz.
- Crecimiento de vello en axilas y piernas.
- Aparición de vello púbico.
- Menarca (primera menstruación).

Anatomía del aparato reproductor femenino y trastornos

1) Los senos. Son una masa de tejido glandular mamario protegido por grasa, unidos al frente de la pared muscular del pecho. De las glándulas que producen leche, baja una gran cantidad de conductos lácteos que desembocan detrás del pezón.

En medio de estos conductos aparece una malla de tejido fibroso que otorga soporte a los senos y les confiere una línea firme y sostenida. Este tejido tiene tendencia a estirarse un poco con los años, particularmente si el busto es muy grande y pesado.

El tamaño del busto depende de la cantidad de grasa y tejido glandular que contiene, y esa cantidad está controlada por las hormonas femeninas. Es difícil y peligroso intentar cambiar el tamaño de los senos por medio de un tratamiento de hormonas; en cambio, se corre menos riesgo con la cirugía plástica, a través de la cual se puede aumentar o disminuir sin peligro el tamaño del seno.

Trastornos

El desorden más importante de los senos se debe a la aparición de tumores benignos o malignos cancerígenos. Los tumores benignos son muy comunes y pueden ser fibrosos o sebáceos. La causa no se conoce, pero se cree que está relacionada con un desequilibrio hormonal.

Los tumores malignos —cáncer de mama— no son tan comunes, pero una de cada diecisiete mujeres los sufren. Tampoco se conoce la causa, pero la posibilidad de desarrollar un cáncer de mama se incrementa con ciertos factores de riesgo, por ejemplo:

- Tener tu primer hijo después de los treinta y cinco años.
- Tener antecedentes familiares importantes de cáncer de mama.
- Usar en exceso la píldora anticonceptiva, sin periodos de descanso.
- No autoexaminarse los senos cada determinado tiempo, para comprobar si se tienen pequeños bultos.

Los espermatozoides necesarios para duplicar la población mundial actual entrarían en la circunferencia de una aspirina. Los óvulos que se requieren para duplicar la población mundial cabrían en el huevo de una gallina.

2) Los pezones. Tanto para los hombres como para las mujeres, el pezón es uno de los puntos más sensibles del cuerpo humano. Algunas mujeres pueden alcanzar el clímax con la estimulación de sus pezones.

Son muchas las personas que usan la palabra pezón de forma incorrecta, pues creen que se trata de la totalidad del círculo pigmentado que figura en el centro del pecho. Sin embargo, sólo se trata de la protuberancia central y el disco que lo rodea se llama aureola. Esta última parte también es sensible, aunque no posee tantas terminaciones nerviosas como el pezón; puede ser de color rosa, castaño o negro, dependiendo de la pigmentación. Los pequeños bultos que a veces suelen ser más visibles y otras ocasiones permanecen ocultos, son los tubérculos de Montgomery.

En el pezón desembocan las aberturas de entre 15 y 20 de los conductos lácteos, directamente conectados a la glándula pituitaria, una de las regiones más importantes del cerebro.

Trastornos

Algunas mujeres presentan dolor o molestia en el seno, asociado con el ciclo menstrual. Este tipo de dolor cíclico es más común durante la semana antes del periodo menstrual, y a menudo desaparece una vez que comienza la menstruación. Se cree que la causa son los cambios en los niveles hormonales. Algunas condiciones benignas del seno, como la inflamación del seno (mastitis), pudiera causar el inicio de más dolor repentino en un lugar específico. En estos casos, el dolor no está asociado con el ciclo menstrual. En raras ocasiones, las protuberancias originadas por el cáncer de seno causan dolor.

Secreción del pezón. Aunque la secreción (otra que no sea leche) del pezón pudiera ser alarmante, en la mayoría de los casos se debe a una condición benigna. Al igual que con las protuberancias del seno, mientras más joven sea la mujer, mayores probabilidades hay de que la causa sea benigna. La secreción que no es leche y que proviene de las condiciones benignas es usualmente clara, amarilla, verde o color marrón.

La secreción que contiene sangre (visible a simple vista o detectada en análisis de laboratorio), aunque por lo general no es cáncer, causa más preocupación y requiere de más evaluación. Por otro lado, el líquido que proviene de varios conductos del seno o de ambos senos se debe más comúnmente a condiciones benignas, como los cambios fibroquísticos. La secreción que proviene de un sólo conducto (con o sin sangre) puede ser causada por condiciones benignas, como el papiloma intraductal y la ectasia ductal, pero también puede ser causada por condiciones precancerosas, y deben ser examinadas inmediatamente.

Un líquido lechoso que proviene de ambos senos (otra que no surja durante el embarazo o durante la lactancia) algunas veces ocurre en respuesta al ciclo menstrual. Además puede deberse a un desequilibrio de hormonas segregadas por la pituitaria o la glándula tiroides, o a ciertos medicamentos; a esto se le conoce como galactorrea o hiperprolactina.

La Sociedad Americana del Cáncer ha elaborado una guía para detectar, en su etapa más temprana, los tumores cancerosos:

- *Las mamografías anuales deben comenzar a realizarse a los 40 años. Los exámenes clínicos del seno realizados por un médico o enfermera deben formar parte de un examen físico periódico, aproximadamente cada tres años para las mujeres entre los 20 y los 39 años.*

- *La mujer debe familiarizarse con sus senos para saber cómo se sienten normalmente y reportar a su médico cualquier cambio en sus senos lo antes posible.*

- *El auto examen del seno es una opción para las mujeres después de cumplir 20 años de edad.*

- *La mujer con mayor riesgo (por ejemplo, con antecedentes familiares, cambio genético encontrado en pruebas genéticas, historial de cáncer del seno) debe hablar con su médico sobre las ventajas y limitaciones de comenzar los mamogramas antes, someterse a pruebas adicionales (tales como ecografía o MRI del seno), o someterse a exámenes más frecuentemente.*

- *La testosterona, hormona asociada con la maternidad, es producida en menores cantidades por las mujeres, y es responsable del seseo sexual entre ambos.*

3) **La vulva**. Es el conjunto de órganos y estructuras genitales externas, como son el monte de Venus o monte púbico, los pliegues de la piel (labios mayores y labios menores), el clítoris y el vestíbulo. Es la puerta que conduce a la vagina. En la parte superior de la vulva se encuentra el vello púbico. Generalmente es crespo y rizado. Pese a lo que podría deducirse al mirar fotos en revistas eróticas, no necesariamente tiene que presentar una forma triangular.

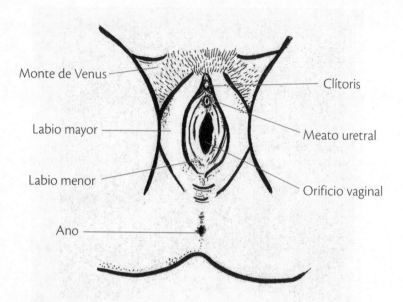

Luego está el clítoris y, después, llegamos a los labios externos e internos —labios mayores y labios menores—. Estos labios constituyen una especie de cerradura para abrir la vagina. Durante la excitación sexual se abren como una flor, para dar la bienvenida al pene, y se abultan un poco como si formaran un cálido y cómodo collar a su alrededor. Es importante saber que los labios varían enormemente de tamaño, según la constitución de cada mujer.

El orificio urinario —orificio uretral— está situado justo debajo del punto donde se encuentran los labios menores. Es pequeño: usualmente mide menos de medio centímetro de diámetro.

Trastornos

Son raros los trastornos serios de vulva. Las venas varicosas en esta área son comunes durante el embarazo; sin embargo, sanan normalmente solas después de un tiempo. Las verrugas son fáciles de eliminar en esta zona, al aplicar un líquido especial. Por otra parte, el cáncer de vulva es extremadamente raro. Los pólipos benignos son bastante comunes y también se les extirpa con facilidad.

3) Monte de Venus o monte púbico. Es un abultamiento de tejido graso que se encuentra sobre el hueso del pubis, en la parte inferior del abdomen; está cubierto de vello.

4) Labios mayores. Son dos pliegues cutáneos de un color un poco más oscuro que el resto de la piel, los más prominentes de la vulva, cuyas paredes exteriores se recubren de vello. Cuando se separan dejan al descubierto las demás estructuras anatómicas de la vulva, principalmente los labios menores.

5) Labios menores. Son formaciones de tejido de color rosado (que cambia a rojo fuerte durante la excitación) y con cierta humedad; en la parte anterior conforman el prepucio y el frenillo del clítoris, y continúan hacia atrás para formar el vestíbulo.

6) El clítoris. Está situado frente al hueso púbico, de manera que resulta suavemente comprimido y apretado durante el coito. Tiene el tamaño de un pequeño botón que aumenta durante la excitación erótica. La palabra clítoris viene del griego *kleitoris* que significa montaña pequeña. Fue descrito por primera vez por el anatomista Realdo Columbo, en 1559, como "una cosa bella y útil", aunque existe discusión si la primera descripción la hizo Gabriel Falopio, el mismo de las trompas, que llevan su nombre.

El clítoris tiene casi la misma estructura que el pene. Dado que posee más terminaciones nerviosas que ninguna otra parte del cuerpo femenino, no sorprende que suministre pleno placer.

Trastornos

Las enfermedades del clítoris son muy raras. En ocasiones, las mujeres piden consejo médico por una repentina y alarmante inflamación del clítoris. Este síntoma surge debido a la acumulación ocasional de sangre, y desaparece rápidamente sin dejar rastros.

El tamaño del cuerpo del clítoris varía desde cero hasta aproximadamente dos pulgadas (5 cm)

7) El punto G. Como es sabido, la estimulación del punto G femenino provoca mayor excitación. Quienes lo han estudiado, piensan que está relacionado con el fenómeno curioso de la llamada eyaculación femenina.

Se le conoce como punto G debido a su descubridor, el doctor Ernst Grafenberg. Él describió que la estimulación de este punto podría producir un orgasmo tan placentero, que muchas veces va acompañado por la eyaculación femenina. Los investigadores han detectado que la composición del líquido que segregan los órganos sexuales femeninos es similar a la que sale de la próstata. Esto significa que el famoso punto G es una suerte de homólogo de la próstata, es decir, su exacto equivalente anatómico.

8) Vestíbulo: Es un espacio de forma oval cuyos lados están formados por los labios menores. En él se encuentra el meato urinario y el introito u orificio vaginal.

9) Meato urinario. Se denomina así al orificio donde termina la uretra y por el cual sale la orina.

10) Introito u orificio vaginal. Está localizado en la parte posterior del vestíbulo y es la puerta que comunica los genitales externos con los internos. Se encuentra parcialmente cubierto por una membrana llamada himen.

11) Himen. Es una membrana delgada, su forma y elasticidad varían de mujer a mujer. En su parte central tiene orificios que permiten el paso de los fluidos vaginales y uterinos, como es el caso de la menstruación. Biológicamente no posee otra función; sin embargo, su significado social y psicológico es importante para algunos grupos y culturas. Hay mujeres que nacen sin himen, y otras que al hacer ejercicio se les rompe o, también les ocurre esto cuando introducen un tampón.

12) Glándulas de Bartholin. Son dos y se encuentran en los labios menores, a cada lado del introito vaginal. Secretan un líquido durante la excitación sexual, pero no son responsables de la lubricación vaginal.

13) Vagina. Es un conducto membranoso, mide entre 8 y 12 cm de largo, comunica al útero con la vulva. Sus paredes están cubiertas por membranas mucosas y rugosas. La vagina es una vaina cálida, rosada y mullida —el vocablo *vagina* es el usado en latín para la palabra *vaina*—. Otra de sus funciones consiste en ajustarse alrededor del pene, cómoda y amorosamente, de manera que el esperma se deposite en el lugar correcto y que la pareja obtenga el máximo placer posible del acto amoroso.

La vagina es un lugar espacioso. Debe poder dilatarse puesto que se abrirá lo suficiente para dejar pasar la cabeza del bebé. Y así como se dilata, puede también contraerse —especialmente durante el orgasmo— para ajustarse estrechamente alrededor del pene. Otra de sus funciones es la segregar los fluidos vaginales, producidos por la excitación erótica, que lubrican los movimientos durante la relación sexual.

El ph de una vagina es de 4-5.

Trastornos

Vaginismo. Es un problema de origen emocional bastante común, por el cual la vagina se contrae ante cualquier aproximación y no produce lubricación. Esto dificulta las relaciones sexuales. Es posible usar lubricantes para que la mujer no experimente dolor durante el coito.

Infecciones vaginales. Es muy común que las jóvenes sexualmente activas contraigan alguna. Las que se presentan son de origen venéreo, principalmente gonocócico, o se deben a un parásito llamado tricomona. Sin embargo, es importante mencionar que las infecciones vaginales no son exclusivas de las mujeres con vida sexual activa. Existen muchos otros factores que pueden causarlas, como por ejemplo algunos jabones, la ropa interior, sobre todo aquella que no tiene puente de algodón.

Vaginitis postmenopáusicas. La reducción de la producción de hormonas durante la menopausia, causa resequedad e inflamación que se traduce en dolor durante las relaciones sexuales. La aplicación de una crema de hormonas en la vagina elimina el problema.

14) Útero o matriz. El tamaño del útero de cada mujer es similar al de su propio puño. Se parece a una pequeña pera invertida, en donde la punta representa el cuello del útero. El útero es un pequeño saco de músculos, con el suficiente poder para hacer salir al bebé; las contracciones de estas fibras musculares son las que provocan los dolores durante el parto. En el interior de sus paredes existe una fina membrana que se desprende, cada mes, durante la menstruación.

Trastornos

Fribrosis. Es un tumor benigno que se desarrolla en la pared muscular del útero. Es común que se presente a partir de los 30 años y en mujeres que no han tenido hijos. Se desconoce su causa, y los síntomas son dolor durante la menstruación y dificultades para orinar. Si no causa molestias, no hay razón para extirparlo.

Prolapso. El prolapso del útero es una enfermedad en la que éste se hunde en la vagina y hasta puede incluso salir de ella. Se origina por el debilitamiento de los soportes del útero durante el alumbramiento. Cada vez es menos frecuente que se presente, porque las mujeres suelen tener menos hijos. Se cura mediante cirugía.

Cáncer de la mucosa uterina. Debido al cáncer de útero —distinto al cáncer en el cuello del útero— mueren en Europa mil mujeres al año. Comienza normalmente en la mucosa uterina y puede estar provocado por la excesiva estimulación con estrógeno.

El cuello del útero. Todas las mujeres deberían estar familiarizadas con el cuello de su propio útero. El cuello del útero o cérvix es el extremo del útero que se proyecta unos centímetros dentro de la vagina.

Un túnel estrecho se extiende a través del cuello del útero, hasta la cavidad uterina misma. Es el único camino que va del exterior hacia el útero: el esperma penetra por ese canal hacia el interior del útero, inmediatamente después del coito. La menstruación también baja por ese conducto. Durante el parto, el bebé deberá atravesar ese camino. El cuello del útero tiene una capacidad de dilatarse hasta el punto necesario para que pueda pasar la cabeza del recién nacido.

Su principal función es la de construir una elástica entrada y salida al útero. En el siglo xx, el cuello uterino ha cumplido una importante función relacionada con la anticoncepción, debido a que el diafragma va colocado allí. Toda mujer que utilice este sistema, podrá ser capaz de sentir con la yema de los dedos el cuello de su útero.

Trastornos

Erosiones del cuello del útero. Muchas mujeres las presentan. Son áreas irritadas. Se presentan durante el embarazo y cuando se usa la píldora anticonceptiva; si no hay molestia, no es necesario tratarlas, pero pueden causar dolor durante el coito y entonces sí es necesario cauterizarlas.

Pólipos. Son unos pequeños bultos escamosos que se proyectan desde el cuello uterino. Provocan frecuentes hemorragias y deben ser extirpados.

Cáncer de cuello del útero. Esta trágica enfermedad podría evitarse si cada mujer adulta se sometiera regularmente a un examen de Papanicolau.

El Papanicolau o citología del cuello de útero es un examen que se hace a las mujeres, cuyo fin es detectar en forma temprana alteraciones del cuello del útero, que posteriormente pueden llegar a convertirse en cáncer.

¿Cómo se realiza el Papanicolau?

Para obtener la muestra se utiliza un aparato médico llamado espéculo, que se coloca dentro de la vagina, para así poder tomar una muestra de células o "agüita espesa", que luego se extiende en una lámina de vidrio y que se manda al laboratorio para ser analizada.

¿Cuáles son los requisitos para el Papanicolau?

- *No estar en el periodo menstrual.*
- *No haber tenido relaciones sexuales las 48 horas anteriores.*

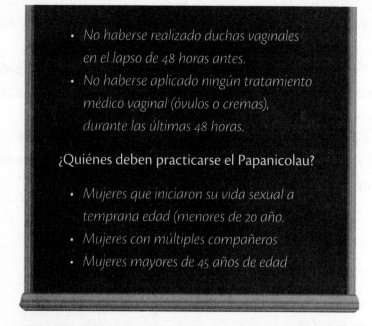

- *No haberse realizado duchas vaginales en el lapso de 48 horas antes.*
- *No haberse aplicado ningún tratamiento médico vaginal (óvulos o cremas), durante las últimas 48 horas.*

¿Quiénes deben practicarse el Papanicolau?

- *Mujeres que iniciaron su vida sexual a temprana edad (menores de 20 año.*
- *Mujeres con múltiples compañeros*
- *Mujeres mayores de 45 años de edad*

15) Trompas de Falopio. Se trata de órganos capitales para la vida humana, puesto que, hasta hace poco, se necesitaba tener como mínimo una trompa sana para poder tener un bebé. Por desgracia, es frecuente que ambas enfermen. ¿Qué son las trompas del Falopio? Son dos pequeños tubos que unen los ovarios con el útero; su nombre proviene de un médico italiano del siglo XVI. Existe un tubo a cada lado que mide aproximadamente 10 cm. El extremo exterior tiene la forma de un embudo que apunta hacia el ovario; cuando un óvulo se desprende, irá hacia el embudo y encontrará su camino bajando por el tubo hacia el útero. La fecundación usualmente ocurre en las trompas.

Trastornos

La estrechez de las trompas las hace muy susceptibles al bloqueo, causado por un desorden muy común: una infección. Dicha infección generalmente es transmitida de forma sexual y viene acompañada de intensos dolores abdominales y fiebre. Si se diagnostica a tiempo y se trata con un antibiótico adecuado, puede detenerse rápidamente.

Si la infección produce bloqueo, las esperanzas de un futuro embarazo son poco prometedoras. Sin embargo, en los últimos años se han desarrollado nuevas técnicas como la fecundación *in vitro* y la microcirugía para desbloquear los conductos.

> Los espermatozoides viajan un aproximado de 7 a 10 centímetros antes de llegar al óvulo.

Las fimbrias. Son unos filamentos que toman al óvulo y lo van conduciendo fuera del ovario. Es en las trompas de Falopio donde se produce la fecundación, exactamente en el tercer tercio externo.

16) Ovarios. Se localizan dentro de la pelvis. Se trata de dos pequeños óvalos de color blanco rosado, con una longitud aproximada de entre 2 y 3.5 cm de diámetro. La sensible naturaleza ha escondido los ovarios en un sitio en donde no pueden ser fácilmente dañados.

Cada ovario tiene unos 100 mil óvulos, de los que se desprende sólo uno cada mes, hasta llegar a un total de alrededor de 400 a lo largo de todo el periodo reproductivo. Además de ovular, los ovarios poseen un importante papel en la produc-

71

ción de hormonas femeninas; sin embargo, en el caso de que se deban extirpar los ovarios, otros órganos del cuerpo se encargan de producir hormonas femeninas.

> El óvulo mide aproximadamente 0.14 milímetros y puede ser visible al ojo humano. Es la célula más grande del cuerpo humano.

Trastornos

Los desórdenes de los ovarios son difíciles de diagnosticar, dada la inaccesibilidad de estos órganos. Uno de los métodos más usados, es la realización de un ultrasonido, para que el ginecólogo pueda darse cuenta si existe alguna anomalía.

Los quistes ováricos son muy comunes, especialmente en mujeres jóvenes. En algunas ocasiones no presentan síntomas, y en otras veces suelen manifestar dolores intensos que pueden confundirse con apendicitis. Por algún capricho de la naturaleza, una vez que se ha extirpado un quiste, éste puede reproducirse.

Contrariamente a lo que se cree, los quistes de ovario no son causados por la píldora anticonceptiva. De hecho, la píldora tiende a proteger de los quistes a los ovarios.

Cáncer. Por desgracia el cáncer de ovario es muy frecuente, de esta enfermedad mueren más mujeres que del cáncer del cuello uterino. No se conoce la causa, pero existe la evidencia de que la píldora constituye una protección contra el mal. Los síntomas suelen ser diversos; incluyen un débil pero persistente dolor abdominal y pérdida de sangre después de la menopausia. El cáncer rara vez se presenta antes de los 45 años.

La mejor protección contra el cáncer de ovario es:

- Usar la píldora anticonceptiva (aunque también tiene contradicciones).
- Someterse a un chequeo de manera regular. Este examen puede combinarse con el Papanicolau, cada cierto tiempo.

17) Óvulos. Se encuentran en forma de folículos desde el nacimiento y se dejan de producir durante la menopausia. Existen alrededor de trescientos mil entre los dos ovarios, de los cuales sólo unos cuatrocientos llegan a madurar. Los folículos que no maduran se convierten en cuerpos cicatriciales. El óvulo es la célula que el espermatozoide fecunda y puede producir la gestación de un ser humano. En los óvulos está el material genético que, junto con la otra mitad aportada por el espermatozoide, dará las características al nuevo ser. Su tiempo para ser fecundado es de 24 horas, luego se deteriora.

Ovulación. Es un proceso que comienza entre los 10 y 14 años, y termina entre los 45 y 50. Consiste en la liberación de un óvulo casi maduro. Si este óvulo se une con un espermatozoide se da la fecundación. Si esto no sucede, es decir, si no queda embarazada la mujer, en 28 o 30 días vuelve a madurar otro óvulo. La causa de la ovulación es básicamente hormonal. Las gonadotropinas producen el crecimiento y la ruptura del folículo y estimulan al ovario para la producción de progesterona y estrógenos y para que se enriquezca el endometrio, el cual, si no hay fecundación, se desprenderá con la menstruación.

Menstruación

Aproximadamente cada 28 o 30 días un ovario libera un óvulo. Éste último viaja por una de las trompas de Falopio hacia el útero; al mismo tiempo, el útero empieza a fabricar un revestimiento más grueso en el endometrio, formando una capa en la que se implantará el óvulo en caso de ser fecundado. De no haber fecundación, el óvulo se desintegra y los vasos sanguíneos del revestimiento del útero se van abriendo y liberando sangre. Este proceso dura de tres a siete días. Una vez concluido, se libera un óvulo que se dirige al útero y si no es fecundado, se vuelve a presentar la menstruación entre 25 y 35 días después. A este proceso se le conoce como ciclo menstrual.

El organismo de cada mujer funciona de manera particular, lo que hace que no se pueda hablar de días exactos entre una menstruación y la siguiente, como tampoco de un momento particular para la ovulación. Para entender más fácilmente el ciclo, se toman 28 como el promedio de días intermenstruales y 14 los días desde la ovulación hasta la menstruación. Por tal motivo, los días fértiles del ciclo aproximadamente son 9 días comprendidos del día 10 y 18 a partir del día que comienza la menstruación.

Trastornos

La menstruación puede ocasionar malestar en algunas mujeres (dolor en el vientre, aumento de peso, cefalea e hipersensibilidad en los senos). A estos síntomas los médicos los denominan *dismenorrea*. También pueden presentarse cambios emocionales y de conducta, lo cual se llama síndrome premenstrual.

Fecundación

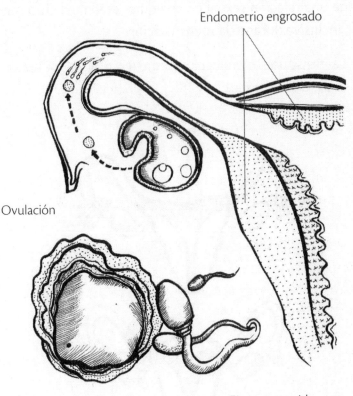

Endometrio engrosado

Ovulación

Espermatozoide

La menarca (primera menstruación) puede ocurrir cuando la joven tenga entre los 10 y 14 años. Aunque también ha habido casos en los que inicia desde los 9 o hasta los 18 años.

Durante la menstruación, la mujer se protege con toallas sanitarias o tampones, cuya presentación varía en tamaño y forma. No hay ninguna actividad que deba suspender como consecuencia de la menstruación: puede bañarse, nadar, hacer ejercicio y tener coito. La mujer corre el riesgo de embarazarse si tiene una relación sexual en cualquier etapa del ciclo menstrual, inclusive durante la menstruación.

La menstruación promedio consiste entre ¼ y ¾ de taza entre sangre y tejidos.

Menstruación

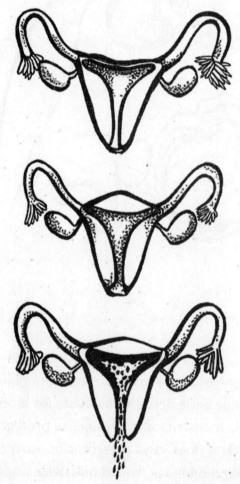

Fecundación, embarazo, parto y lactancia

La fecundación ocurre cuando un óvulo es fertilizado por un espermatozoide, se forma una nueva célula que se implanta en la pared del útero y ahí comienza a dividirse y a crecer. El periodo de embarazo dura aproximadamente 9 meses y generalmente es resultado del coito.

Para diagnosticar un embarazo puede detectarse de la siguiente manera, por los cambios corporales que se presentan: suspensión de menstruación, náuseas en la mañana, cambios en el tamaño y sensibilidad de los senos, oscurecimiento de la zona que rodea al pezón, fatiga, aumento y frecuencia al orinar y cambio en el color de la vulva. Los signos probables son: aumento del tamaño del útero y del abdomen (alrededor del tercer mes) y reblandecimiento en el cuello del útero. Los signos de certeza son: la detección de los latidos del corazón del feto, movimientos notorios del feto, detección de su esqueleto en el ultrasonido.

Otras formas de saber que hay un embarazo son a través de la exploración pélvica que puede realizarla un médico dos semanas después del retraso menstrual, el análisis de orina, de sangre y las pruebas de embarazo que se realizan en casa.

Gestación. El embarazo, gestación o gravidez tiene una duración de 9 meses después de la fecundación, misma que ocurre en la trompa de Falopio. El óvulo se implanta en el útero y se comienza a desarrollar la placenta. Ésta última filtra el alimento y el oxígeno que el embrión recibe a través del cordón umbilical. Otra función de la placenta es crear hormonas que ayudan al proceso de embarazo. El líquido amniótico también se forma pocos días después de la implantación, éste rodea al embrión y se llena de un líquido que se renueva diariamente; además de que tiene la función de proteger al producto.

> Los nueve meses de la gestación se pueden dividir en tres trimestres:
> En el primer trimestre el embrión alcanza a medir 3 cm. Ya tiene un corazón definido. Se desarrollan ojos, nariz, boca, orejas, manos y pies.
> En el segundo trimestre se continúan formando estas estructuras. Aparecen en el feto las cejas y pestañas, los ojos comienzan a abrirse y cerrarse. Ya puede mover algunos músculos: brazos y piernas, y es entonces cuando la madre siente sus movimientos.
> En el tercer y último trimestre el feto da vueltas y su crecimiento alcanza aproximadamente 50 cm. Sus órganos están ya desarrollados y ya pueden funcionar independientemente.

El trabajo de parto es el proceso por medio del cual la madre expulsa al producto. Se divide en tres fases: *a)* dilatación, *b)* expulsión o nacimiento del niño y *c)* alumbramiento o expulsión de la placenta.

Primera etapa. Comienza con las primeras contracciones y dura hasta que el cérvix se dilata 10 cm para que pase el producto. Las primeras contracciones son cortas y suaves, separadas por intervalos de 10 minutos. Conforme progresa el trabajo, las contracciones se hacen más fuertes y las que proceden a la dilatación completa pueden ser bastante dolorosas.

Segunda etapa. La expulsión inicia con la abertura total del cérvix y finaliza con el nacimiento del niño. Las contracciones son fuertes y la presión de éstas generalmente provoca la ruptura del saco amniótico. Cuando el cérvix se abre, el niño empieza a deslizarse hacia la vagina. Después de que aparece la cabeza, se gira y se acomoda para que con la siguiente contracción salgan el cuello y los hombros.

Tercera etapa. Las contracciones cesan durante un momento después de que el niño nace, para empezar de nuevo a intervalos regulares hasta que la placenta se separa del útero y es expulsada.

La etapa posterior al parto se llama *puerperio*. El organismo de la madre regresa al estado previo del embarazo. Este periodo puede durar de cuatro a cinco semanas. Algunas mujeres se deprimen en ese periodo y experimentan lo que se conoce como depresión postparto, muy común en nuestros días.

En ciertos casos, se practica la cesárea, misma que consiste en abrir el abdomen de la embarazada y su útero para sacar al bebé. Las razones para practicarla puede ser: sufrimiento del feto, que el cordón umbilical esté enredado, mala posición del bebé o que la madre no haya dilatado lo suficiente para permitir el paso del recién nacido.

Lactancia. Es el resultado de la hormona llamada prolactina, la cual estimula las mamas para la secreción de leche. Este proceso comienza de 24 a 48 horas después del parto. Se sabe que la leche materna contiene importantes nutrientes y anticuerpos que contribuirán mucho al desarrollo del niño.

Además, la alimentación por pecho para el recién nacido se vuelve importante también porque estimula el desarrollo psicológico del pequeño y favorece la comunicación madre-hijo. Durante esta etapa, la madre deberá fomentar que el bebé succione su pecho, aunque todavía no haya secreción láctica. Por lo general, se recomienda amamantar al niño de 10 a 15 minutos en cada seno, cada cuatro horas.

Es importante que la madre vigile su alimentación y que conozca qué tipo de comida le provocará cólicos al recién nacido y qué tipo de cosas beneficiarán la producción de leche. Aunque algunas mujeres aseguran que la lactancia es el mejor anticonceptivo porque impide la aparición de óvulos durante los primeros meses posteriores al parto, muchas otras se han quedado nuevamente embarazadas. Por esa razón el periodo de lactancia no puede generalizarse como anticonceptivo.

Anticoncepción

El método anticonceptivo, o método contraceptivo, es aquel que impide o reduce significativamente las posibilidades de una fecundación en mujeres fértiles que mantienen relaciones sexuales de carácter heterosexual. Los métodos anticonceptivos contribuyen decisivamente en la toma de decisiones sobre el control de la natalidad (número de hijos que se desean o no tener), en la prevención de embarazos, así como en la disminución del número de embarazos no deseados y embarazos en adolescentes.

Los métodos que se administran después de mantener relaciones sexuales se denominan anticonceptivos de emergencia.

La historia de la anticoncepción nos indica que no es sino hasta la segunda mitad del siglo xx cuando se generaliza el uso y acceso a los diferentes métodos anticonceptivos. La generalización de la planificación familiar y la educación sexual favorecen su utilización óptima.

Elección del método anticonceptivo

Ningún método anticonceptivo puede considerarse mejor que otro, ni es totalmente seguro. Cada método tiene sus indicaciones y deberá buscarse aquel que sea más idóneo para cada circunstancia y permita una mejor salud sexual. La eficacia teórica de cada método aumenta considerablemente si se usa correctamente.

Factores que deben considerarse en la elección del método anticonceptivo:

- Estado de salud general.
- Frecuencia de las relaciones sexuales.
- Número de parejas sexuales.

- Si se desea tener hijos (deben descartarse los métodos irreversibles).
- Eficacia de cada método en la prevención del embarazo.
- Efectos secundarios.
- Facilidad y comodidad de uso del método elegido.

Anticonceptivos de barrera

Son sustancias que se colocan antes del coito en el fondo de la vagina. Su mecanismo de acción inmoviliza a los espermatozoides. Se trata de óvulos, espumas, jaleas, cremas y tabletas vaginales.

VENTAJAS:
Son disponibles sin necesidad de receta médica.

- De fácil aplicación.
- Relativamente baratos.
- Combinables con otro método para mayor eficacia.

DESVENTAJAS:

- Si la mujer no ha tenido contacto con sus genitales puede dificultársele la aplicación.
- Requiere motivación para su uso.
- Las espumas y jaleas vaginales anticonceptivas no se consiguen fácilmente en el mercado.

La píldora

Está hecha con hormonas sintéticas similares a las que produce el organismo. Tiene el efecto de suprimir la ovulación y propicia en el tracto reproductivo condiciones desfavorables para el transporte de espermatozoides y la implantación de un posible óvulo fecundado.

VENTAJAS:

- Fácil de usar.
- No requiere preparación antes del coito.
- Protección continua y efectiva.
- Puede regular el ciclo menstrual.
- No interfiere con el acto sexual.

DESVENTAJAS:

- Puede tener efectos secundarios.
- No involucra a la pareja.
- No previene enfermedades de transmisión sexual.
- Requiere de motivación diaria.
- Está contraindicada en algunos padecimientos (várices, problemas endocrinos, nerviosos o psiquiátricos).

También existe la píldora del día siguiente o de emergencia. Se usa después de haber tenido relaciones sexuales o después de una violación. En México se empezó a comercializar desde el 21 de enero de 2004. Su efectividad oscila entre el 75% y 85%.

Implantes subdérmicos

Se trata de una serie de cápsulas, cuatro o seis, que miden 4 cm de largo por 2 mm de ancho, que se introducen debajo de la piel (en la cara interna del brazo). Dichas cápsulas tienen hormonas que se liberan en dosis muy pequeñas, como las píldoras anticonceptivas, las cuales inhiben la ovulación. Su efecto dura de 4 a 5 años, dependiendo del número de cápsulas insertadas.

VENTAJAS:

- Su efecto alcanza 4 o 5 años.
- Se insertan una sola vez.
- No interfieren con el acto sexual.
- Son una protección continua y efectiva.

DESVENTAJAS:

- No previenen enfermedades de transmisión sexual.
- No involucran a la pareja.
- Durante el primer año se pueden presentar sangrados irregulares.
- Requieren de un médico para su colocación y retiro.

Dispositivo intrauterino (DIU)

Es un diminuto aparato en forma de espiral o de T o de Y, de material inerte o de cobre, que se inserta en la cavidad del útero. Su función es la de impedir la fertilización del óvulo así como la implantación del óvulo fecundado. Se coloca cuando la mujer está menstruando y un médico inserta el DIU en el útero. Los hilos que tiene el DIU en un extremo quedan fuera del útero, en la vagina, y deben ser revisados cada seis meses o cada año por el médico.

VENTAJAS:

- Se inserta una sola vez.
- Requiere poca atención y cuidado.
- No interfiere con el acto sexual.

47q29888 dd

- Ofrece protección continua y efectiva de dos a cinco años.

DESVENTAJAS:

- Requiere de un médico para colocarlo.
- Puede causar cólicos y trastornos menstruales.
- Puede ser expulsado.
- Puede moverse hacia dentro del útero.
- No previene enfermedades de trasmisión sexual.
- Es probable que ocasione inflamación pélvica.

Métodos naturales

Billings o moco cervical. Se trata de identificar cuál es el fluido transparente que produce el cuello del útero en los días previos a la ovulación. Este flujo es transparente, elástico, parecido a la clara de huevo. Si el fluido es elástico y no se corta, quiere decir que la mujer tiene altas posibilidades de quedar embarazada, es decir, está en sus días fértiles.

Ritmo. Se basa en el ciclo menstrual y en la identificación de los días en que se produce la ovulación y en los que no. Se toma un ciclo de 28 días y contando desde el primer día del sangrado se tiene la ovulación aproximadamente 14 días después. Pero como ésta no es exacta y los óvulos y espermatozoides tienen un tiempo de vida, se dejan cuatro días antes y cuatro después de ese día 14 como margen de seguridad, representando éstos 9 los días fértiles del ciclo. Los restantes días, 18-19, no son fértiles. Este cálculo no funciona con todas las mujeres y es por eso que no es del todo confiable como anticonceptivo.

Método de la temperatura basal. Se centra en el aumento de la temperatura (medio grado) que tiene lugar cuando se presenta la ovulación y permanece hasta la aparición de la menstruación. Para llevar a cabo el método, se requiere por lo menos de 6 meses de toma diaria de la temperatura, bajo condiciones específicas. El resultado de ese registro de temperaturas será un indicador aproximado del período de ovulación.

Métodos quirúrgicos

Vasectomía. Es el corte y ligadura realizados en los conductos deferentes unos centímetros arriba de los testículos, para interrumpir el paso de los espermatozoides y su salida en la eyaculación. Es 99% segura, es definitiva y sólo se realiza a varones que ya están seguros de no querer procrear otro hijo.

Salpingoclasia. Es el método por el cual se cortan y ligan las trompas de Falopio, impidiendo el paso del óvulo hacia el útero. Al igual que con los hombres, se requiere que las mujeres estén seguras de que no desean tener más hijos en un futuro.

Histerectomía. Es una técnica quirúrgica mediante la cual se extrae la matriz. Por lo general se utiliza para enfermedades como cáncer u otros tumores, y en otras situaciones para negar la posibilidad de embarazos.

CAPÍTULO 2

Cómo contactar con tu sexualidad

Hablemos claro sobre sexualidad, sin prejuicios y mitos que desvían la atención. En nuestra cultura, hasta hace unas décadas, no era posible tener una conversación explícita y oportuna sobre el sexo. No lo enseñaban en los libros ni en las escuelas, tampoco se platicaba de sexualidad en la familia. A medida que se iba presentando el desarrollo fisiológico, tanto hombres como mujeres iban descubriendo qué era la sexualidad y cuál era la función de sus órganos reproductores.

Prácticamente, a causa de un fuerte peso moral, muchos seres humanos fueron condicionados para ejercer su sexualidad de una manera específica: hasta que no estuvieran casados se les permitía tener relaciones sexuales, siempre y cuando el propósito esencial fuera la procreación de una familia.

Ahora, en los albores del siglo XXI, existe la necesidad obligada de estar cada vez mejor informados en lo que se refiere a educación sexual. *Nuestra sexualidad es un factor decisivo en nuestras vidas, debido al grado de felicidad que nos produce. No es lo mismo ejercerla y disfrutarla, que negarla, olvidarla, repudiarla y hasta denigrarla. Sexo es vida.* Por eso, y a partir de una serie de cambios que se dieron en la sociedad, ya no basta con tener nociones sobre cómo es, cómo funciona y cómo se desarrolla nuestra sexualidad, sino bases más sólidas que encaminen al ser humano a forjar una vida plena.

A través del sexo y la sexualidad cumplimos con muchas de nuestras necesidades psicológicas. Con el sexo buscamos compañía, afecto, seguridad, alegría; aunque también podemos buscar beneficios económicos, venganza y agresión. Socialmente, el sexo sirve para agruparnos. Vivimos en familias cuyo origen es el sexo entre dos personas. Podemos tener hijos gracias a que somos sexuales.

> Si lo analizamos, descubrimos que el sexo está relacionado con todo. Es un motor poderoso de muchas de nuestras acciones, actitudes y sentimientos.

Por eso, contar con más conocimiento sobre la sexualidad también es saber más sobre nosotros mismos. Aunque no nos percatemos, la mayor parte del tiempo estamos transmitiendo mensajes a nuestros hijos que están relacionados con nuestra propia manera de ver la sexualidad. La manera en que nosotros como padres vivimos nuestra sexualidad va a influir, a favor o en contra, de nuestros hijos.

Al referirnos a la sexualidad, está involucrada la forma en que fuimos educados. Porque como fuimos educados, así vivimos nuestra sexualidad y así la transmitimos a nuestros hijos. Esto es irremediable. Y el asunto es mucho más complejo de lo que parece: influye también la manera como nuestros padres y abuelos vivieron su sexualidad. Por esa razón, conviene formular un análisis generacional. Muchos de nosotros tuvimos abuelos que fueron educados a la antigua, en donde prácticamente no se hablaba de sexualidad y menos de sexualidad femenina: es decir, la mayor cantidad de las veces no importaba el placer que pudiera sentir la mujer e incluso podría ser hasta mal visto; eran esquemas donde el contacto sexual respondía a fines reproductivos y servía para descargar el impulso sexual masculino.

A finales de la década de los sesenta y principios de los setenta, comenzó una apertura hacia la sexualidad. Por decirlo de alguna manera, la época de represión permitió cierta apertura en las relaciones humanas: el estilo de vida cambió. Muchos de nosotros somos hijos de esa generación que le tocó experimentar los años de transición y de libertad.

Esto quiere decir que el análisis de la propia sexualidad no se restringe a cómo se vive la sexualidad sino a cómo fueron nuestros padres y nuestros abuelos en ese aspecto y, cómo la transmitieron. Lo más probable es que los padres repitieran ese patrón y actuaran de la misma manera en que fueron educados. Cabe aclarar que no se trata de buscar culpables, sino de ser objetivo y entender lo que estamos viviendo. Por ejemplo: alguna mamá me dijo una vez: "Estoy viviendo así porque tuve unos abuelos que nacieron en provincia, en Puebla, y mis padres son tradicionalistas". Su madre jamás le habló de la sexualidad y su abuela menos; su progenitora siempre le dijo que la sexualidad era algo prohibido y malo hasta el día en que se casó. Aquella tarde le expuso: "Hija, ahora sí, con tu marido puedes hacer lo que sea." La hija tuvo una educación represiva durante 26 años y después ya le dieron toda la libertad al respecto. Ella se sintió confundida y hasta la fecha no ha podido disfrutar de una relación sexual plena y placentera. Actualmente acude a terapia conmigo y ella espera algún día poder vivir su sexualidad con naturalidad, sin remordimientos.

> Recordar la vivencia de padres y abuelos es una herramienta fundamental para entender por qué eres así y adicionalmente te permite entender cómo absorbiste para bien o para mal elementos de la sexualidad que probablemente no pediste, que acaso hubieras querido que fueran diferentes, pero ocurrieron así.

Lo importante es tener claro de qué manera llegaron a tu vida conceptos como las diferencias sexuales entre hombre y mujer, el placer, la masturbación y las relaciones sexuales.

¿Cuál es el propósito de concientizar sobre la propia sexualidad?

- Evitar, en la medida de lo posible, conceptos erróneos que no se desea transmitir.
- No repetir patrones negativos heredados de nuestros padres.
- Identificar si se tiene una regresión a alguna de las etapas del desarrollo psicosexual del ser humano (oral, anal, fálica, latencia y genitalidad) o bien, si presentamos una fijación. Sea fijación o regresión, en cualquiera de ambos casos, no ayuda a la transmisión de la sexualidad de nuestros hijos.
- Poder detectar si somos capaces de abordar el tema de la sexualidad con nuestros hijos, sin que la situación genere incomodad. De lo contrario será mejor

optar porque otra persona hable del tema con el niño, quizá un familiar cercano o alguien que sea de confianza.
- Descubrir si dentro de nuestra propia historia existen factores que pudieran deformar el concepto natural de la sexualidad.

Vínculos de afecto y de erotismo

De afecto: Cómo nos relacionamos: afectos, sentimientos y emociones
De erotismo: Experiencias sensoriales gratificación a través de los sentidos

Es importante no confundir los vínculos afectivos con los vínculos eróticos. Los primeros tienen más que ver con la manera en la que nos relacionamos con los demás, con los sentimientos y con las emociones. Los segundos, tienen más que ver con las sensaciones experimentadas desde los sentidos. Sin embargo, a partir de estos vínculos afectivos y eróticos, vamos construyendo nuestra sexualidad. La manera en que nos enseñaron a manejar nuestra propia sexualidad, será la forma en que nosotros la vamos a transmitir. Aunque no existe una regla al respecto, en muchos casos se presenta de esa forma. Transmito lo que traigo, lo que aprendí, lo que vivo y lo que he vivido.

Conviene recordar que la sexualidad no sólo se transmite verbalmente, sino también a través de los valores, los sentimientos y las emociones, ya sea de manera consciente o inconsciente.

Guía de introspección

Para que los padres de familia logren contactar con su sexualidad, a proporciono continuación una serie de preguntas que les serán de gran utilidad en esta auto-reflexión.

1. ¿Qué es para mí la sexualidad?
2. ¿Qué tipo de educación recibí en ese tema?
3. ¿Cómo vivo la genitalidad?
4. ¿Qué tanto practico o practiqué la masturbación?
5. ¿Qué pienso de la masturbación femenina o masculina? (según sea el caso).
6. ¿Cómo vivían la sexualidad mis padres?
7. ¿Cómo era la vida sexual de mis abuelos?
8. ¿Me siento cómodo(a) al hablar de sexualidad con mi hijo?
9. ¿Tomo con mis hijos la misma actitud que tuvieron mis padres conmigo?
10. ¿Considero que estoy capacitado para darles a mis hijos una adecuada educación sexual?, ¿soy apto para hablar de sexualidad con mis hijos?
11. ¿Poseo realmente información veraz y correcta sobre la sexualidad?
12. ¿He dado importancia a la educación sexual hacia mi hijo?
13. ¿He tenido cuidado y he estado consciente de todos los mensajes no verbales e inconscientes que le he transmitido a mi hijo?

Es muy posible encontrar casos en los que, a causa de la sexualidad, tuvo lugar un choque generacional importante. Cada persona vive de manera diferente la sexualidad y eso también aplica para la educación que recibió y, que por consiguiente, dará. Hay quienes tuvieron padres muy cerrados y conservadores, y ellos vivieron una apertura, una vida sexual más libre. Otros, en cambio, crecieron con una educación sexual muy abierta, sin tapujos; sin embargo, ellos, como hijos, decidieron vivir su sexualidad sumamente conservadora (con ciertos prejuicios), de una manera un tanto represiva.

Como padres, debemos abordar el tema con naturalidad y tranquilidad ante nuestros hijos, independientemente de la forma en la que se nos educó o de la manera en la que nosotros la vivimos. Del mismo modo en que los niños aprenden conductas de integración social, así debería ser su integración y aprendizaje en lo que se refiere a la educación sexual.

> Mientras más elementos adecuados, positivos, sanos, tengan al respecto, van a poder enfrentar la vida sexual de una manera más placentera, agradable, gratificante, encaminada hacia la salud mental y reproductiva del ser humano.

Sé que la sexualidad es un tema complejo, un asunto que tiene a muchos padres con los pelos de punta o con innumerables dudas. Después de contestar el cuestionario anterior, de hacer un examen de consciencia sobre nuestra sexualidad, seguramente muchos padres se sorprenderán porque han abierto una puerta que no conocían y esto tendrá consecuencias positivas y negativas en sus hijos. Si se sienten inseguros y no saben a dónde dirigirse, analicen su situación de manera detallada o, si las dudas persisten, busquen ayuda de un especialista. No obstante, si tienen claro el rumbo que van a tomar y saben que podrán resolver las dudas de sus hijos, con la firmeza, tranquilidad y veracidad que requiere, adelante, sigan con esa ruta que los conducirá seguramente a un buen puerto.

CAPÍTULO 3

Cómo hablar de sexualidad
con los niños

Mi experiencia como terapeuta y mi trabajo como conferencista sobre el tema de la educación sexual, confirman una inquietud que constantemente detecto en los padres de familia: ¿cómo hablar de sexualidad con los niños?

Como ya se dijo antes, una cosa es el sexo (diferencia biológica entre hombres y mujeres) y otra muy distinta es la sexualidad.

Con frecuencia estamos proporcionando a nuestros hijos mensajes sobre la sexualidad, a veces de forma consciente y otras, inconsciente. Es normal que los niños quieran saber de sexualidad y les llame la atención las diferencias físicas entre los seres humanos. Los niños, a una edad temprana, empiezan a descubrir su cuerpo, a mirarse desnudos en el espejo, a ver a sus hermanos o a sus padres, y empiezan a notar las diferencias. Observan que tienen dos ojos, una nariz, una boca, dos brazos, un tórax, un pene (que las niñas no tienen), dos brazos, dos piernas. No hay por qué alarmarse: ellos quieren conocer su cuerpo y están averiguando cosas sobre él.

Nadie se espanta si el niño pregunta: ¿por qué tenemos dos orejas o por qué nos crece el cabello?, ¿por qué hay niños que tienen el cabello güero y otros de color negro? Pero cuando nos preguntan: ¿por qué unos tienen pene y otros no?, inmediatamente los padres se alarman, se sienten incómodos. Conviene aclarar que la pregunta del niño no posee ninguna connotación negativa ni morbosa ni erótica de las partes del cuerpo. El significado que le vamos dando los adultos es lo que les va generando a los niños la diferencia entre preguntar por la oreja, por el cabello o por los órganos genitales.

> La sexualidad debe tratarse de manera abierta, de forma directa. Debe ser vista como algo natural, sin ser motivo de problema.

¿Cuándo hablar de sexualidad con mi hijo?

Otra de las dudas que surgen con más frecuencia en los padres de familia es: ¿cuándo hablar de sexualidad con mi hijo? Y la respuesta es relativamente sencilla: en el momento que empiecen a formular preguntas al respecto, no antes ni después. En este punto les pongo el siguiente ejemplo: no vas a sentarte en la sala de tu casa con un coñac y un puro, y comienzas a explicarle a tu hijo en qué consiste una relación sexual. Por ahí no va la cosa. Los niños preguntan todo el tiempo de temas muy variados y en ocasiones, aun cuando se supone que la pregunta no trae un contenido relacionado con la sexualidad, estamos probablemente enviando mensajes que tienen que ver con este tema. Cuando el niño dice: "¿Mamá, cuando te casaste con papá yo ya había nacido?" Cualquier respuesta que se de a esta pregunta, traerá un contenido sexual.

> Debes responder cuando el niño lo pregunte porque en ese momento necesita de tu respuesta. No hay una fecha, edad o indicador para hablar sobre sexualidad. El momento adecuado es cuando por ejemplo te diga: ¿oye, mamá, por qué no tienes pene? O, en el caso de las niñas: ¿oye, papá, por qué los niños van al baño y no se sientan?

En el momento en que alguien de la familia cierra la puerta para cambiarse de ropa, entonces el niño empezará a preguntar: ¿por qué no me dejas entrar cuando te vistes o por qué cuando voy al baño de hombres mamá no puede entrar? En la vida cotidiana hay un sinnúmero de situaciones que van a propiciar hablar de sexualidad. Estas circunstancias rompen el paradigma de generaciones anteriores, quienes creían que era necesario un determinado tiempo para abordar este tema con los hijos. Y es que, si te fijas, estás hablando de sexo y sexualidad con tu hijo desde que le enseñas a hacer pipí: los niños hacen parados y las niñas sentadas.

> Los niños suelen preguntar: ¿por qué las mujeres usan falda y los hombres no?, ¿por qué los juguetes de niñas y de niños son diferentes? Cuando nosotros respondemos, ya estamos mandándoles mensajes sobre la sexualidad.

Es importante que reconozcamos que si nuestros hijos desean saber sobre sexo y sexualidad no significa que sean precoces o depravados. La curiosidad en ellos es completamente normal y no posee una carga negativa. Lo que deberíamos cuestionarnos es: ¿y si no nos lo pregunta a nosotros, quién se lo va aclarar?

No es que los niños nos estén atacando o quieran manipularnos para que nosotros, como padres de familia, entremos en conflicto con ese tipo de preguntas. Simplemente nos hacen estos cuestionamientos porque somos las personas más cercanas que tienen.

Ante la inquietud de los niños, debemos reconocer dos situaciones: es preferible que nos haga la pregunta a nosotros y no a otra persona, y es muy importante que nosotros estemos preparados para dar respuestas adecuadas y oportunas.

Debemos recordar que:

Es preferible que pregunten sobre sexo a que no lo hagan.

Si a los 6 o 7 años su hijo no se cuestiona sobre este tema, puede deberse a dos situaciones:

1. Es probable que con alguien más esté hablando de sexo y sexualidad.

2. Quizá no se sienta cómodo o en confianza para hacerlo (tal vez lo percibe como algo prohibido y vergonzoso).

Si su hijo está recibiendo información sobre sexo y sexualidad a través de otra persona, es importante identificar de quién se trata y qué clase de mensajes sobre este tema le está dando al niño. Tal vez es un familiar cercano de confianza, y con esa persona se sintió más cómodo. En el caso de que ocurra la situación anterior, habría que estar alerta y averiguar por qué el niño no tiene la confianza de hablar con sus padres, y saber si la sexualidad es algo prohibido y sucio desde la mirada del pequeño.

Momentos pedagógicos

Se trata de cualquier situación que pudiera aprovecharse para hablar, responder, enseñar o transmitir un mensaje, un aprendizaje, un valor. Es el instante en el que existe mayor apertura y disposición en los niños.

En la vida cotidiana hay varios momentos pedagógicos que podemos aprovechar para brindarle información adecuada al niño. Por ejemplo: el baño de hombres y de mujeres, las maneras de hacer pipí, los espectaculares en la calle, el nacimiento de un sobrino, la escena de alguna película, un anuncio en la televisión. Con cualquier persona, ya sea niño o adulto, en el instante que le propones platicar de algo, se genera tensión, una cierta situación protocolaria, seria y, aunque se supone que busca apertura, muchas veces provoca lo contrario; es decir, cierra la comunicación.

Todos los días los niños aprenden una gran cantidad de cosas. Muchos dicen que son como esponjas que absorben y absorben conocimiento. La mayor cantidad de cosas que aprenden son de forma espontánea. La sexualidad debe enseñarse así: de forma natural, en la vida diaria, haciendo énfasis en lo permitido y no permitido, en lo que está bien visto y en lo que no, en los valores que uno desea inculcar.

> La sexualidad no sólo se trasmite a través de palabras, por medio de preguntas y respuestas, sino también por el aprendizaje; también se comunica a través de valores, sentimientos, emociones, acciones, interacciones en el entorno, en la cultura, la sociedad y los roles sexuales que cada uno desempeña. Hay adultos que recuerdan que sus padres no fueron cariñosos con ellos, y que por ese motivo ellos suelen ser un tanto fríos; he ahí un acto de trasmisión sexual.

Hablar con los hijos de sexo y sexualidad es un asunto más profundo de lo que parece. A partir de ahí se derivan los consejos que proporciono en este libro. Alerta, padres de familia: no les voy a decir qué le deben decir a sus hijos sino cómo le van a explicar la sexualidad desde sus creencias, valores, jerarquías de intereses y prioridades.

Guía de cómo hablarles a los hijos sobre sexualidad

1) Comienza a una edad temprana (después todo será más fácil)

Mientras más pronto, será mejor para el niño tener la información respecto a la sexualidad. Así como lo hace con otro tipo de conocimientos, el niño absorberá lo que se le indique y lo verá de una manera natural, sin prejuicios. Asimismo, el niño podrá integrar el aprendizaje y los mensajes recibidos a su esquema de pensamiento, situación que favorecerá la vivencia sana de estos aspectos.

2) Sé sincero respecto a los sentimientos que esto provoca

Un niño puede querer saber sobre sexualidad cuando sus padres no se sienten cómodos para hablar sobre el tema. Tenemos que entender, nos guste o no, que una de las razones principales por las cuales a un padre o a una madre le cuesta trabajo abordar la sexualidad con sus hijos, es porque no sabe de sexualidad. Entonces… ¿cómo van a hablar con sus hijos sobre un tema que desconocen? Por esa razón, en este libro sugiero que los padres de familia no solamente conozcan sobre sexualidad humana, anatomía y fisiología, sino adicionalmente, que sean sinceros sobre lo que les provoca la sexualidad y el hablar de ella. Ya les dimos a los padres de familia unas estrategias que les ayudarán a contactar con su propia sexualidad y, si después de analizar qué importancia le otorgan a este aspecto vital les sigue provocando incomodidad, es mejor que manden un mensaje directo y le digan a su hijo: "Mira, mi amor, me cuesta mucho trabajo hablar de esto, en alguna época los temas relacionados con la sexualidad estaban prohibidos, y a mí me enseñaron así. Ahora las cosas han cambiado y ya se habla más de este tema". Cuesta trabajo porque los padres no saben cómo ni con qué palabras abordar el asunto.

> Independientemente de cómo hayan sido educados, en este libro encontrarán la información y las herramientas para elegir entre el esquema tradicional que han venido practicando o, al contrario, modificar las concepciones que tenían. Recuerden que es preferible decirlo honestamente a mandar mensajes equivocados, a través de un lenguaje no verbal.

3) Contesta sólo lo que te preguntan

Por ejemplo, si un niño consulta: ¿por qué los coches caminan? Se le responde: porque vas a la gasolinera y le pones gasolina que hace que el motor funcione. No se lleva al niño a una biblioteca y se le cuenta toda la historia desde la extracción del petróleo hasta el proceso químico que deriva en gasolina. Lo mismo ocurre con la sexualidad: cuando el niño lanza una inquietud al respecto, no se preocupan por mostrarle un libro y enseñarle todo lo que desconoce.

A los niños no se les debe de responder con todo lo que creamos que deberían conocer sobre el tema, únicamente hay que contestar lo que preguntaron. Lo contrario sólo genera confusión y ansiedad, pues el niño ni entiende ni está preparado para el resto de la información.

4) *Explora de dónde viene la pregunta y qué se desea saber*

Este apartado tiene razón de ser por las preguntas de connotación ambigua. Parece chiste, pero suele ocurrir. Por ejemplo, la niña que le dice a su mamá: "¿qué es pene?" Y la mamá, toda preocupada, le da una cátedra de sexualidad. Cuando termina de hablar la hija, la mira con cara de consternación y la mamá dice: "¿Por qué me lo preguntas?" "Es que fuimos a la iglesia y mi abuelita me dijo que rezara para que mi alma no pene". Y la otra pregunta en este tenor es: "Mamá, ¿cómo vienen los niños al mundo?" La madre responde igual con una explicación sobre el nacimiento de los niños y al final, le dice a su hija: "¿Qué es lo que querías saber?" Mientras que la niña acota: "Sí mami, si vienen parados o sentados...".

Es muy importante que los padres exploren el contenido y el origen de la pregunta, lo cual deberá aportar una línea muy clara de lo que el niño quiere saber. El contexto de la pregunta, en este caso, resulta esencial; aunque a veces esta recomendación vaya en contra de lo que nos han enseñado: una pregunta no se responde con otra pregunta. Se le puede decir al niño: ¿por qué quieres saber eso?, ¿de dónde sacaste eso?

Cuando los niños preguntan algo relacionado con la sexualidad o con cualquier otra cosa, generalmente ya traen información previa al respecto, ya saben algo aunque sea incorrecto.

Muchas veces ya lo vieron, oyeron, imaginaron, supusieron, y entonces lo que busca la pregunta es la confirmación de lo que ya se sabe, o también rescatar y desechar lo que ya suponía conocer.

5) Asegúrate de no dar ni más ni menos información de la necesaria

En este punto habría que volver al ejemplo de la gasolinera. El niño no requiere de tanta información para saber cómo caminan los coches. Y si el pequeño pregunta de dónde vienen los niños, habrá que responderle sólo la información que está solicitando y no los elementos involucrados en su concepción. Los terapeutas utilizamos un término: sobre informar a los niños o hiperresponsabilizar.

Es importante que entendamos que la sobre información a los niños, lejos de ayudarlos y resolverles una duda, provoca en ellos angustia, hace que entren en un estado de ansiedad por no poder entender lo que sus padres están diciendo.

Cuando un niño pregunta sobre sexualidad y los padres le hablan de relaciones sexuales, lo único que hacen es confundirlo. Algunos padres exageran y entienden que hablar de manera natural con sus hijos sobre este tema, remite a llenarlos de información que tarde o temprano les servirá. Es probable que después le sirva, pero en ese momento tal vez sólo lo confunda.

El mensaje es: contesta lo que se te pregunta; no porque sea un tema vinculado con la sexualidad es necesario dar más información de la solicitada.

6) Utiliza términos adecuados

Es un punto que a la gente le genera confusión y angustia, pero es absolutamente necesario.

Los órganos genitales de los hombres y de las mujeres tienen nombres, y es conveniente utilizarlos. Hay que llamarles a las cosas por su nombre: no le digas *pirrín* o pajarito sino pene. Y en las niñas no se llama colita, sino vulva.

Este tipo de palabras suelen darnos a nosotros connotaciones morbosas o penosas, pero para los niños serán normales. ¿O acaso tú le dices a tu hijo: toma un pañuelo desechable para sonarte la *pinky*? No, para sonarte la nariz. Ahora que debes tener claro que la sexualidad no únicamente se transmite con palabras sino también con una gran cantidad de mensajes, te invito a que reflexiones: ¿qué mensaje se envía a los niños sobre sexualidad cuando los padres no son capaces de llamarle a las cosas por su nombre?

7) Proporciona información veraz y científica

Es importante darles una información verdadera. Por ejemplo: no decirles que los niños vienen de París o que los varoncitos hacen pipí de una forma diferente porque tienen una manguera especial.

> El mensaje debe de llegar al pensamiento (los cerebros) de los niños de manera correcta, y esa información la van a clasificar así.

Eso le dará certeza y seguridad al niño. La información veraz desempeña un papel sumamente importante porque en ese momento no sólo está en juego la indagación en sí misma, sino también un elemento esencial: la credibilidad. Tenemos que recordar que muchas veces los niños preguntan cuando ya poseen cierta información. Imagina que tu hijo te pregunta algo que ya sabe (o por lo menos cree saber) y tú le contestas con algo totalmente fuera de contexto. Por ejemplo: ¿Cómo llegan los niños a la panza de mamá? Él o ella ya sabe de las relaciones sexuales y tú le hablas de abejitas o florecitas. Seguramente la sensación que dejarás en el niño es: no le puedo preguntar estas cosas a mi mamá porque, o no las sabe, o cree que soy un niño tonto que no entiendo o me quiere engañar. ¿Cuál de estos mensajes quieres que reciba? Me parece que ninguno es deseable. Creo que es evidente que para transmitir información científica, será necesario que tú la poseas. Y éste es en parte el objetivo del libro, aunque a algunas personas pudiera parecerles inútil o exagerado. Tú no puedes transmitir algo que no sabes, no podrás explicar algo que desconoces.

8) No te burles, no te rías

Cuando nos encontramos en una reunión familiar y el niño expresa una pregunta chistosa, sin importar el tema, nos reímos. Si esto ocurre cuando el niño indague sobre algo relacionado con la sexualidad, y los padres tienen la misma reacción que suelen presentar, esto llegará a confundir al pequeño, incluso se sentirá apenado. Aquí me parece que tendríamos que insistir en los mensajes que enviamos: "¿por qué mis padres se ríen cuando pregunto este tipo de cosas?", diría el niño y es posible que reflexione: "¿son graciosos los aspectos relacionados con la sexualidad?"

9) Sé natural

Nadie se pone rojo o titubea cuando le preguntan sobre algún asunto, a menos que el tema sea penoso. Es necesario que los niños aprendan a ver la sexualidad sin miedos ni prejuicios.

> En la medida en que nosotros como padres respondamos con naturalidad lo que el niño pregunta, le estaremos proporcionando seguridad y confianza.

Con frecuencia uso esta frase: Nunca es más importante lo que tú le digas a un niño que cómo se lo digas. Siempre es más esencial cuidar cómo se lo dices que lo que expresas. Los niños cuentan con un radar enorme, súper especializado que capta cualquier tipo de onda o de vibra. Este radar recibe los mensajes enviados por el adulto, aun cuando esté o no esté consciente de que lo está haciendo. En este sentido, el lenguaje no verbal, las emociones y la actitud mandarán mensajes que no siempre son congruentes con lo que se está diciendo. Tú puedes estarle diciendo a un bebé: "¡Ay pero qué niño tan feíto, mira qué grotesquito estás, pareces un simio...!". Si se lo dices con voz dulce, lo más probable es que sonría. Y, por el contrario, si le expresas con cara de enojado y en tono agresivo lo lindo que está, probablemente llorará. Aunque esto pasa con los bebés, ocurre lo mismo con niños y jóvenes de cualquier edad. El contenido del mensaje siempre estará afectado por la actitud y por la connotación no verbal. Pongamos otro ejemplo. Le contesto a mi hijo una pregunta sobre sexualidad, le digo que es lo más natural del mundo, y que no tiene nada de malo, y acto seguido grito y me altero cuando él entra a la recámara, sin avisar, porque yo estaba desnudo.

> La sexualidad debe ser tratada de forma natural, espontánea, con la finalidad de evitar mensajes encubiertos.

La naturalidad, a la hora de responder, juega un papel fundamental. También puede ocurrir que el niño sea demasiado espontáneo y pregunte sobre sexualidad en un momento que no se considera adecuado porque se está rodeado de otras personas. Lo mejor es decirle: en este instante no puedo responderte, pero con gusto te lo contesto al rato o cuando lleguemos a casa. El niño entenderá que luego le van a responder y que aquello que le interesa investigar no es malo ni pecaminoso.

10) Sé concreto

Demasiadas explicaciones van a terminar por confundir al niño. Tomando en cuenta lo anterior debemos ser concretos y evitar extendernos porque no es algo que el niño necesite saber.

> No sólo confundimos al niño sino que provocamos que se vaya alejando de nosotros, debido a que se aburre con excesivas dilucidaciones.

He visto niños que dicen: "Mejor te pregunto a ti porque luego luego me contestas... mi papá me echa unos choros larguísimos y aburridísimos".

11) Sé breve

Es lo que generalmente deja a los niños en una condición mucho más segura. Por ejemplo, cuando cuestiona: ¿por qué las mujeres tienen bubis y los hombres no? Porque a las mujeres les toca amamantar a los bebés, les dan leche. No tienes que hablar de reproducción humana ni fecundación y relaciones sexuales. La respuesta tiene que ser breve y concreta. Tenemos que entender que no se está poniendo en juego nuestra sabiduría ni nuestra vocación de maestros, se nos está haciendo una pregunta cuya respuesta quiere nuestro hijo que sea rápida.

12) Sé honesto

Significa no sólo decir la verdad sino también admitir que hay cosas que no entiendes o aceptas. De igual manera, puede incluso tratarse de cosas de las cuales ni siquiera sabes. Por ejemplo, la homosexualidad. Sabemos que existe pero muchas personas ignoran por qué se presenta y algunas llegan a pensar que es una enfermedad. Aunque el padre esté a favor de la homosexualidad no significa que su hija también lo esté, puede manifestarse en contra. O a la inversa, el padre es intolerante hacia cualquier cosa que tenga que ver con los homosexuales; en cambio, su hijo no tiene problema de convivir con homosexuales y eso no significa que tenga preferencias por su mismo sexo. En este caso, la honestidad remite a que los padres de familia manden un mensaje claro, abierto, y que cuando vean a un grupo de homosexuales en un centro comercial no tomen de la mano a tu hijo y lo hagan salir corriendo, porque de hacerlo, estarán enviando un mensaje contradictorio.

Creo que lo mejor es educar con la verdad, el respecto y la tolerancia; no debemos olvidar que estamos formando a los hombres y mujeres que un futuro próximo van a ser independientes.

13) Sé congruente

Se trata de lograr una alineación entre el decir y el hacer. Si los padres aseguran ser muy abiertos en todo lo relacionado con el sexo y la sexualidad, es necesario que se vea reflejado en sus actos, en la manera de responder a sus preguntas, en cómo asimilan las inquietudes del niño. La congruencia remite a ubicar lo que se dice y las acciones que uno hace en la misma línea.

La gente que es congruente logra que su pensamiento, acciones y palabras estén encaminados hacia un mismo sentido. Cuando los padres deciden abordar el tema de la sexualidad, es frecuente que descuiden este punto. Es necesario recordar que nosotros como papás deseamos trasmitir los mejores mensajes posibles sobre la sexualidad, ser claros.

14) Da la respuesta lo antes posible

A veces le damos muchas vueltas al asunto o evadimos el tema para darnos tiempo y buscar qué contestamos. Quizá en ese momento el niño se distraiga con otro asunto y es posible que lo olvide, pero tarde o temprano volverá a preguntar. Si los padres adoptan la actitud de no responderle, de retrasar la respuesta, el niño empezará a pensar que se trata de algo malo o secreto porque no le proporcionan una respuesta.

Si el niño pregunta en un momento en que los padres están atareados, lo más recomendable es decirle que le van a responder pero que les dé tiempo de llegar a su casa o que en cuanto se desocupe mamá o papá. Como ya se dijo, a este tema no es necesario dotarlo de una connotación especial, se le debe otorgar el mismo trato que otros asuntos porque es algo natural, inherente a los seres humanos.

15) No tenemos la obligación de saber todo

Es mejor reconocer que no tenemos el conocimiento de todo lo que nuestros hijos preguntan. Es bueno que el niño aprenda que si no conoces algo, lo averiguarás y le dirás más tarde una respuesta. Incluso la sexualidad se puede convertir en un pretexto para interactuar con nuestros hijos de una manera distinta a como lo hemos venido haciendo.

Si no sabes la respuesta de algo, le puedes decir al niño que juntos van a investigar sobre lo que le interesa conocer. Esto le dará la certeza de la confiabilidad hacia ti.

16) Si no sabes, averigua

Esto lo puedes hacer con tu hijo o de forma separada. Aquí lo complicado del asunto es saber lo que el niño quiere conocer. Y una vez que se cuente con esa información, habrá que proporcionarla y, de paso, saber por qué preguntó tal o cual cosa. Hoy existe una gran cantidad de información, de libros, de material educativo que te permitirá abordar cualquier cantidad de contenidos. Parte del objetivo de este libro es que las ilustraciones que se presentan sirvan como una herramienta para explicar algunos temas. No olvides recurrir a ellas.

17) Apóyate en otras personas a las que les sea más fácil hablar del tema o tengan mayor información que tú

Nosotros no tenemos la obligación de saberlo todo y, como parte de un esquema de certeza, de credibilidad hacia nosotros, debemos reconocer nuestros propios límites.

Si somos honestos y admitimos que no sabemos abordar el tema de la sexualidad, será una forma de darle credibilidad a nuestros hijos y la certeza de que no somos todopoderosos. No debemos olvidar que cuando alguien quiere hablar de un tema que desconoce, termina quedando mal. En ese caso, convendría que se apoyaran en gente de la escuela, algún psicólogo, educador sexual o terapeuta que cuente con el conocimiento necesario.

18) Permanece abierto a que probablemente se tendrá que repetir la explicación, en ese o en otro sentido

Es normal que el niño pregunte de nueva cuenta algo que ya cuestionó anteriormente. Esto no quiere decir que no lo haya entendido o que lo hace para provocar malestar en nosotros, y tampoco significa que el niño necesite un curso avanzado sobre sexualidad. Probablemente está analizando, está terminando de comprender el tema y a eso se le llama acomodos. El niño acomoda información en su memoria; no piense que no ha quedado claro lo que explicó sino que quizá ya no se acuerda lo que se le contestó, y por ese motivo vuelve a preguntar.

Si el pequeño indaga mucho es que está ávido de información y esa curiosidad se tendrá que ir satisfaciendo gradualmente. Es importante que entendamos que las respuestas que le vamos a dar al niño van a despertar otras dudas y éstas últimas lo van a conducir a una sucesión de preguntas. En ningún momento se le está fomentando la sexualidad al niño, lo que en realidad estamos haciendo es despertar la curiosidad a través de cada respuesta.

19) Recurre a material didáctico

Resulta provechoso utilizar este recurso. Hay infinidad de material didáctico sobre sexualidad: libros, videos, ilustraciones, dibujos y programas de televisión. Los materiales didácticos proporcionan una idea clara sobre el tema; existe este tipo de recursos para todas las edades. Insisto: en este libro podrás apoyarte en las ilustraciones que se presentan, mismas que han sido diseñadas de manera sencilla y pedagógica.

20) *Infórmate de cómo tratan el tema en la escuela*

Resulta esencial saber cómo la escuela maneja el tema del sexo y la sexualidad. Debemos conocer si la institución a la que asisten nuestros hijos muestra esquemas moralistas o si maneja apertura y libertad al respecto. Aquí el problema no es la escuela sino los padres que ignoran cómo se abordan estos asuntos.

> Es normal y necesario que los padres de familia pregunten a la escuela cómo manejan el sexo y la sexualidad, antes de inscribir a sus hijos; dicha situación debería ser uno de los criterios a considerar para incluir o no a sus hijos a esa institución.

•

Estas consideraciones van encaminadas al desarrollo integral del niño, para que el día de mañana ustedes, como padres, vean que el fruto de su esfuerzo ha germinado. Porque no sólo se educa con conceptos y definiciones claras; también se hace transmitiendo valores, confianza y cariño.

Estoy convencido de que la mejor manera de orientar a un padre sobre cómo abordar la sexualidad con sus hijos, no es a través de respuestas concretas. Es más productivo y funcional proporcionarles las herramientas que permitirán abordar cualquier tema, incluso cuando llegue el momento de la adolescencia o la vida adulta. Como señala un dicho: "No des pescado, mejor enseña a pescar". Eso intento.

CAPÍTULO 4

Dudas frecuentes en torno a la sexualidad

¿Cómo se debe manejar la desnudez frente a los niños?

Siempre resulta un tema no tan grato para los padres de familia, pero es necesario abordarlo. Es uno de los temas que más frecuentemente aparecen tanto en la consulta como en las conferencias que tengo el honor de impartir. Lo mismo en nuestra sexualidad como en la vida cotidiana, la desnudez provoca un sinnúmero de cometarios y hasta de inseguridades. Acaso por una cuestión biológica, a los padres les angustia hablar o enfrentar la desnudez con sus hijos del sexo opuesto: la desnudez del padre frente a la hija o la madre frente al hijo.

Como lo mencioné, de la experiencia que tengo como terapeuta familiar y en las pláticas que doy, he visto que los padres de familia tienen dudas en común relacionadas con este tema: ¿hasta cuándo es aconsejable mostrarse desnudos frente a los niños?, ¿puedo traumatizar a mi hijo si me ve desnudo?, ¿es recomendable mostrarle mi cuerpo a mi hijo del sexo opuesto?, entre otras inquietudes.

Hay otras situaciones de la vida cotidiana que están relacionadas con la desnudez; me refiero al baño diario, a cambiarse de ropa y a ir al baño con los niños. Lo hacemos de manera inconsciente, pero constantemente hablamos y mandamos mensajes sobre comportamientos relacionados con la manera en que percibimos la desnudez.

Algunos padres confunden la desnudez con el acto sexual. Aquí conviene aclarar que son situaciones distintas: el hecho de que ambas estén en el terreno de la intimidad no determina su vínculo o semejanza. No hay que confundir la desnudez con que el niño pueda presenciar una relación sexual; estos dos planos de la sexualidad pertenecen a estructuras totalmente diferentes. Si no limitamos y diferenciamos ambos planos, existe el riesgo de crear confusión en el niño, y no podemos perder de vista que para los pequeños el cuerpo de los padres es, especialmente, una fuente insustituible de información. Su propio cuerpo también lo es, pero el cuerpo de los adultos representa en realidad la manifestación total de la diferencia entre el hombre y la mujer. Por lo antes señalado, es necesario que queden claros cuáles son los puntos que sí están vinculados con la desnudez.

La actitud de los padres en éste y otros puntos sobre la sexualidad son elementos que juegan un papel fundamental.

Son los padres quienes marcan el tiempo y deciden cómo van a abordar la desnudez; ellos, a partir de su propia carga emocional, resuelven cómo trabajan el tema y la manera en la que encauzan a su hijo hacia una aceptación o rechazo de su propio cuerpo. La carga emocional dependerá de cómo los padres entiendan su propia sexualidad y de la idea que ellos mismos poseen de su propia desnudez.

Para hablar de la desnudez resulta indispensable entender que el pudor desempeña un papel fundamental. No se puede ir contra el pudor que tengan los padres de familia, por el simple hecho de que a nadie se le puede forzar a hacer algo contra su voluntad. Adicionalmente sería ir en contra de lo que se ha venido planteando. Si fuerzo una situación que no es natural, los mensajes enviados serían confusos. En ese sentido, el pudor tiene que ver más con el sistema familiar, con una cuestión de costumbres que se aprenden de manera involuntaria y con una serie de normas sociales.

El pudor remite a la culpabilidad que se tenga o no de la propia desnudez; también con lo que es socialmente correcto y con lo que no lo es, lo que está permitido y lo que no.

El pudor de los padres se relaciona de manera directa con el pudor de los niños, quienes cuando empiezan a experimentar los cambios físicos en la pubertad y en algunos casos antes, les da pena mostrar su cuerpo. Cuando esto ocurre, tanto el pudor como la sexualidad pasan a otro nivel, como un indicador de la conducta del niño.

La desnudez no debe ser vista como un asunto traumático, algo que genere conflicto, ni ser un motivo para provocar que el niño se avergüence, sino que es un acto natural y debe ser tratado con la mayor franqueza y naturalidad posible. Como ya se dijo, la actitud de los padres determinará y condicionará al niño hacia la aceptación o rechazo de su cuerpo y de su sexualidad. Cuando se aborde el tema de la desnudez, recomiendo que las acciones de los padres no contradigan sus palabras. A veces los padres dan un discurso de libertad, el cual descalifican o anulan cuando, por ejemplo, se cambian de ropa con la puerta cerrada; este tipo de contradicciones tienen que ver con el pudor, pero más con el hecho de sentirse culpable al abordar el tema de la sexualidad.

> Si los padres están exentos de culpabilidad, de vergüenza, temor, es probable que el niño viva su sexualidad de una forma plena y libre. Y a la inversa, cuando experimentan algún sentimiento de culpa, el mensaje que se manda a los hijos es directamente proporcional a lo que registran los padres.

Un término que puede ayudar a comprender la desnudez es lo que se conoce como Familia de Puerta Abierta y Familia de Puerta Cerrada. Las primeras son aquellas que se cambian, van al baño o se duermen sin cerrar la puerta de la habitación, es decir, no existe en la casa una privacidad tan clara y marcada. El segundo tipo de familias demuestran tener más pudor y aislamiento en sus actividades cotidianas. Como puede verse, siguen siendo los padres quienes marcan los límites y fronteras de manera implícita. En otros casos, es el niño quien da la pauta para que se modifique de actitud porque es él que ya no quiere que un adulto lo cambie o se bañe con él. Estos indicadores son los que debemos tomar en cuenta para definir el manejo y el tiempo de la desnudez dentro de la familia.

Como padres, debemos respetar el pudor del niño; no es recomendable promover actitudes o posturas sólo porque creemos que ya es tiempo para que se adopten. No se debe forzar ni obligar al niño a que siga mostrando su desnudez cuando él siente que ya no debe ser. Por ejemplo, la mamá cuando lleva al niño a sus clases de natación lo cambia en los vestidores de mujeres, y llegará el momento en que el niño no se sienta cómodo y prefiera ir sólo a vestidores de hombres.

El pudor en los niños es un indicador en la manera en que los padres deben abordar este tema. Y si tú como padre eres pudoroso, estás obligado a seguir manejando la desnudez con tus hijos de la forma en que la has venido tratando para que exista congruencia entre lo que dices y cómo actúas.

La desnudez dentro de la familia:

- *El cuerpo desnudo de los adultos es para el niño una fuente insustituible de información.*
- *La actitud de los padres será determinante y condicionará al niño hacia la aceptación o rechazo de su cuerpo y de su propia sexualidad.*
- *Si están exentos de culpabilidad y vergüenza, los niños vivirán su sexualidad plenamente y libres de falsos pudores.*

> • *El niño podrá y deberá incorporar la información que reciba y satisfacer su curiosidad en la exploración de sus zonas erógenas.*
> • *La edad permitida para la desnudez dependerá de la familia, de los padres y de la propia actitud del niño.*

Sobre este tema, podemos concluir que la familia y la propia actitud del niño son los referentes para manejar y hablar sobre la desnudez, y para poner límites a la desnudez del niño ante los adultos o frente a otros niños de su edad.

¿Es conveniente que los niños duerman en la cama con sus padres?

Se llama *colecho* y generalmente provoca duda e inconformidad cuando se toca el tema. He sido testigo de cómo los padres se niegan a entender las causas, los conflictos y las situaciones insanas que se pueden generar cuando sus hijos duermen con ellos en la misma cama.

El origen de esta situación tiene que ver con los siguientes comportamientos:

- • *Es por protección del niño.* Algo totalmente falso porque el niño ya no necesita tener tan cerca a sus padres y, por el contrario, provoca miedo e inseguridad en los pequeños.

- *El niño empezó a dormir con sus padres desde la última vez que se enfermó y desde entonces no han podido hacer que duerma en su cuarto.* El problema que aparentemente es algo inocente, con el tiempo genera estrechos vínculos de dependencia que se establecen entre el niño y sus padres. Con el tiempo, el mal que se le ocasiona al niño es mayor que el supuesto beneficio. Un ejemplo muy claro de esto es preguntarse: ¿Es normal, pero sobre todo deseable que mi hijo tenga miedo de dormir solo?

- *Cuando el padre manda al niño a su cama y éste se niega, para evitarse un conflicto permite que su hijo siga durmiendo con ellos.* Aquí la actitud y la respuesta de los padres está directamente relacionada con los límites, con la firmeza y consistencia que se requiere para desprender al niño de la dependencia que genera el que duerma con sus padres a una edad tardía.

- *Los antecedentes de esta situación surgen de falsas creencias, como es el caso de querer dar seguridad a los niños permitiendo que duerman con sus padres.* Es mentira, la cercanía con sus padres no le resolverá el miedo que experimenta. Se ha confirmado que los niños que duermen con sus padres o han dormido por un largo periodo con ellos, son más inseguros, más dependientes; son niños a los que les cuesta mucho trabajo lograr el proceso de autonomía e independencia. De tal forma que nacen vínculos de estabilidad a través de los papás, y entonces cuando éstos no están, los niños se vuelven personas inseguras, de baja autoestima y desconfianza. Como se carece de esos vínculos de dependencia, el niño no es capaz de generar la seguridad que necesita en sí mismo.

El propósito de abordar el asunto de los niños en la cama de los padres es básicamente por dos razones:

- Concientizar a los padres sobre las implicaciones que tiene en el niño el hecho de dormir con ellos. Lejos de ser positiva esta conducta, la mayoría de las veces resulta negativa porque va en perjuicio del desarrollo emocional de los niños.

- Promover entre los padres que exista respeto en la familia y que le enseñen al niño a que no invada un territorio que no le pertenece.

Es importante aclarar también que el propósito de este libro y de este apartado, no es dar estrategias para sacar a los niños de la cama de los padres. Recomiendo que revisen *Límites y berrinches*, estoy seguro que les servirá para manejar este tipo de conductas.

El que los hijos duerman con sus padres tiene varias implicaciones:
- Invasión y falta de respeto por el espacio del otro.
- Dificultades en el establecimiento de la autonomía y la independencia.

- El acceso a la fantasía incestuosa del menor.
- La erotización del niño.
- Generación de sentimiento de inseguridad en el niño.
- Decremento considerable en las relaciones sexuales entre los padres y por lo tanto, en muchos casos, mayor índice de probabilidad de divorcio.

El que un niño duerma en la cama de sus padres indica que está invadiendo un espacio ajeno que no le corresponde y, a la vez, muestra que no existen límites ni respeto en algunos aspectos dentro de la familia. Un ejemplo equiparable a esta situación es cuando el niño no permite que sus padres hablen con otros adultos porque constantemente los está interrumpiendo; así el niño intenta llamar la atención de sus padres y los demás nos damos cuenta de que ese niño desconoce límites relacionados con su conducta. A estos pequeños se les permite ir más allá de cualquier límite por varias razones:

- Falta de autoridad por parte de los padres.
- Inconsistencia en la educación que imparten a sus hijos.
- Descuido y apatía para establecer límites y reglas de conducta en casa.

Otro aspecto importante son las fantasías incestuosas en los niños. Cuando los pequeños tienen un enamoramiento simbólico con el padre o la madre y se les permite dormir con ellos, se refuerza esa fantasía proveniente del complejo de Edipo o de Electra y, de alguna manera, se puede distorsionar la realidad del niño. Si el papá es el que confronta al niño sobre su relación simbólica de enamoramiento con la mamá, entonces el padre se convierte en un rival del niño que al mismo tiempo lo ubica en el lugar que le corresponde. Sin embargo, cuando se le permite al niño dormir en la misma cama que su madre, no se le otorga la posibilidad de romper con esa fantasía edípica y, lejos de disolverse, se incrementa, generando una mayor dependencia hacia dicha figura.

La erotización es otro factor relacionado con el hecho de dormir con los hijos. En el primer capítulo se mencionó que el niño va experimentando placer conforme conoce su cuerpo. Buscan ese placer primero por la boca, luego a través del control de esfínteres, después por la parte genital y por el contacto físico que se presenta en etapas del desarrollo muy específicas. Cuando alguna de las etapa coincide con el hecho de dormir en la misma cama que los padres, la estimulación erótica crece.

Un punto unido al hecho de que el niño está invadiendo la privacidad de los padres al dormir con ellos, es que la vida sexual de la pareja se ve mermada por la presencia del niño. Como sabemos, la sexualidad en la pareja juega un papel determinante en la estabilidad de la misma. Cuando las relaciones sexuales disminuyen, la empatía en la pareja también desciende y esto afecta también a la cercanía y seguridad emocional. Si una de las causas de este distanciamiento es que el niño duerme en la cama de los padres, deberán poner una solución al problema antes de que se deteriore más la relación. Nadie quiere que su relación de pareja se vea perjudicada porque, entre otras cosas, lo que se busca es fortalecer la relación de pareja para brindar más apoyo a los hijos. Mientras los lazos afectivos se van disolviendo entre los padres, el vínculo hacia los hijos será cada vez menor. Esto ocurrirá de manera inevitable, pero está en nuestras manos rescatar esa relación y hacer que el niño adquiera independencia y seguridad al dormir solo en su cuarto.

> Es importante que los padres no pierdan de vista que el niño que duerme a su lado o en medio de ellos no es culpable de la situación, son los padres quienes establecen las reglas y los límites que el niño recibirá y asumirá. Habría que mirar este asunto como un hecho indispensable en la formación y el trabajo emocional, en los cuidados y protección hacia los infantes.

Recuerdo un caso de un paciente que llegó a mi consultorio para terapia. Era un chico de 11 años que no podía dormir solo. La situación ya se había convertido en un grave problema tanto para él como para sus padres. El niño empezaba durmiendo en cama y cuando sus padres ya estaban dormidos, se cambiaba de cuarto y ellos lo dejaron hacer eso durante muchas noches. Se volvió una costumbre en el niño. En una sesión que tuve en mi consultorio, el niño les reclamó a sus padres: "¿Por qué me dejaron dormir con ustedes y no tuvieron los pantalones para dejarme en mi cuarto desde chiquito? Si eso hubiera ocurrido, no estaría sufriendo lo que estoy pasando, porque ahorita ustedes me quieren mandar a mi cama y yo no puedo dormir sin ustedes… Me da mucho miedo. Es su culpa que hoy esté así". El niño vivía una circunstancia de mucha dependencia e inseguridad.

Por otro lado, he tenido varios reclamos de parte de los padres de familia, quienes aseguran tajantemente que no debo decirles que duerman o no con sus hijos. Hubo una mamá que llegó a decir: "¿En qué te afecta que mi hijo duerma conmigo? Esa es bronca mía". Estas frases con cierta agresión son el resultado de que he sido muy enfático en este asunto, porque básicamente lo que se desea lograr es la independencia del niño, seguridad y confianza en sí mismo.

> Un niño que duerme en su propia cama tiene mayor confianza, autoestima, seguridad y autonomía que el niño que comparte la cama con sus progenitores.

¿Cómo debo hablar con mi hijo acerca de la homosexualidad?

La homosexualidad es un tema de gran dificultad para las familias porque tiene que ver con ideas y valores, con prejuicios, concepciones y maneras de ver el mundo. A pesar de que ya existe una apertura, todavía es un asunto que trae consigo connotaciones morales como consecuencia de divergencias y problemas personales.

La homosexualidad genera angustia entre los adultos. El problema surge cuando los padres creen que por el hecho de hablar de este tema o por no plantear la homosexualidad como algo negativo, les proporciona a los niños la posibilidad de inclinarse hacia ella. Aún hay creencias de que si uno se permite o promueve que se comprenda la homosexualidad como algo que no es malo, se cree que esto abre las puertas para que en un momento dado el hijo sea homosexual. Parece que a los padres de familia se les olvida que la homosexualidad no es un asunto sólo de elección.

Cuando un niño ya tiene tendencia hacia la homosexualidad, tarde o temprano va a sacar esa inquietud y así se sentirá más cómodo consigo mismo. Antes se podía ocultar, ahora ya no. Debemos recordar que el contexto social y cultural en que vivimos no permite que se oculte ese tema a los niños. No es algo prohibido ni contagioso, simplemente es una preferencia sexual. En la calle, en la televisión, en los centros comerciales, está presente la homosexualidad como parte de nuestra vida cotidiana. Los niños crecerán sabiendo que se trata de una inclinación sexual; es un tema al que ya tienen acceso y por esa misma razón será preferible que se hable de manera abierta, sin que implique forzosamente un juicio de valor.

> Conversar sobre la homosexualidad de manera natural y certera hará que sus hijos crezcan en un ambiente de respeto y tolerancia.

Entre los niños de seis y siete años, es común que se llamen *gay* u homosexual, cuando no poseen la suficiente información sobre lo que es ser homosexual.

Muchos padres de familia me preguntan: ¿qué hago si mi hijo me pide que le explique qué es la homosexualidad? Antes de responder a la inquietud del pequeño, es importante ser directo, describir de manera sencilla de qué se trata y no emitir juicios de valor. Por ejemplo, la respuesta sería: "La homosexualidad es una condición en donde existe una preferencia por personas de tu propio sexo". Si el niño pregunta: "¿Pero por qué les gusta?" Recomiendo que se limiten a decir: "Hay cosas que nos gustan a unos o que preferimos unos y otros no". El origen de la homosexualidad es un tema complicado, que aún no se aterriza, y por lo mismo se vuelve difícil tanto de comprender como de explicar. Actualmente los padres que están interesados en este tema es porque ven alguna inclinación en sus hijos: el varón presenta una tendencia femenina y la mujer un interés por lo masculino.

A veces, en mis conferencias les doy este ejemplo: A los niños les dicen que elijan el sabor de su helado, sólo hay de fresa y de chocolate. Al pequeño se le antoja de vainilla y sus padres le dicen que no hay, pero cuando crezca, si hay o si sigue queriéndolo, lo probará y comerá del que más le guste.

Hasta el momento no contamos con cifras que nos indiquen la probabilidad de que los niños nazcan con esa tendencia. Si partimos de que un homosexual *nace*, entonces el niño presentará tendencias desde chico y contará con una gran posibilidad de ejercer su preferencia sexual cuando sea adulto. Por el contrario, si el homosexual *se hace*, implica una situación relacionada con lo psicodinámico y con los patrones de madres fuertes y padres débiles o muy ausentes. Suele presentarse una identificación por el lado más fuerte, sea masculino o femenino. No obstante, al respecto no existe nada concluyente.

Un niño que comienza a expresar su tendencia homosexual, puede ser que no cambie esa preferencia, y es ahí donde debemos empezar a enviar mensajes. En ese sentido, los padres suelen tomar una postura radical y comienzan a prohibir el acceso a ciertas cosas. No debemos prohibir sino restringir el uso de determinados objetos. Por ejemplo, el niño al que le gusta jugar con las muñecas. A veces los propios padres promueven esto, porque si el niño quiere una muñeca se la compran para no crear frustración en él.

Conviene recordar que una conducta que no se repite, no se fija en la memoria del niño, pero aquella que se repite una y otra vez se vuelve una constante en la edad adulta. Por otra parte, en la casa podemos aceptar los gustos del niño hacia los juguetes del sexo opuesto, pero es necesario hacerle saber que socialmente no es bien visto y que posiblemente haya rechazo de parte de sus compañeros cuando lo vean con esos objetos que no son de niños o de niñas.

Por ejemplo, el niño que llegue a su escuela con un estuche rosa, de princesas, seguramente será el blanco de burlas y risas de sus compañeros; además, en esos años cuando son prea-dolescentes están en una fase del club sólo niños o sólo niñas, pero no me mezclan mucho entre sí. Y, a la inversa, la niña que juegue sólo con niños, que le guste el futbol soccer o america-no, que no comparta sus intereses con las niñas, seguramente será rechazada o excluida en algún momento por sus propias compañeras.

Hay que tener en cuenta que no debemos presio-nar al niño a que deje ese comportamiento, sino ofrecerle otras opciones de entretenimiento. Como ya se dijo, los niños son curiosos y es posible que esté relacionándose con los juguetes que le llaman la atención aunque éstos no sean propiamente los que corresponden a su rol sexual.

El asunto de la homosexualidad tiene que ver no sólo con la sexualidad, sino con las conductas de los niños, cuyos gustos y preferencias son las del sexo opuesto. El término homosexual es correcto usarlo tanto para niños como para niñas, aunque cotidianamente escuchamos que homosexual sólo se refiere al varón y el lesbianismo a las niñas. Del tema de la homosexualidad se derivan otros como: transexualidad, travestismo y bisexualidad.

1. *Transexual*: es la persona que cambia de sexo mediante una intervención quirúrgica.

2. *Travesti*: es el varón que se viste y actúa como mujer.

3. *Bisexual*: quien tiene preferencia en ocasiones indistinta por ambos sexos. De acuerdo con la experiencia de personas bisexuales, se puede decir que cuando se habla de bisexualidad en realidad hay una preferencia mayor hacia uno de los dos sexos y el otro es vivido simplemente desde un esquema que no es prohibitivo ni desagradable; no existe renuncia hacia ello, simplemente se lo permiten desde un esquema casi siempre vinculado con el placer sin que sea una atracción como tal. Sin embargo, existen opiniones que aseguran que sí hay atracción tanto por hombres como por mujeres, pero en estos

momentos podría decirse que se ha presentado como una condición que está directamente relacionada con la libertad que se vive actualmente, con la posibilidad de que hoy cada quien puede hacer lo que se le antoje, dejando fuera a la moral y lo socialmente correcto.

¿Es normal que mi hijo se masturbe?

La masturbación es un tema que alarma tanto a los padres como a los profesores y directivos en las escuelas. La masturbación es simplemente la manipulación manual de los genitales. Aquí hablaremos de la masturbación infantil, juvenil y adulta.

La masturbación infantil básicamente se debe a dos factores:

- Los niños experimentan placer.
- Canalizan ansiedad a través de la masturbación.

En ambos casos la estimulación autoerótica no sólo se considera normal, sino incluso hasta ocasionalmente deseable. Se recomienda que:

- Se hable del tema de manera natural y de forma abierta.
- Es conveniente que los padres sepan que la repetición desmedida, puede dar origen a conductas compulsivas y a trastornos posteriores.
- Es recomendable utilizar estrategias distractoras.

La masturbación infantil es normal, no tiene que ver con la precocidad ni con asuntos de desviación, tampoco marca desviaciones en la vida adulta, por ejemplo, el niño que se masturba no quiere decir que cuando sea joven o adulto va a ser un depravado o maniático sexual. Debemos reconocer que la masturbación infantil es parte del desarrollo del niño.

A través de la masturbación el niño canaliza la ansiedad que pudiera presentar a pesar de su corta edad. Sí, como lo leyeron: ansiedad. Es frecuente encontrar elementos de ansiedad en niños que practican la masturbación. Creo pertinente aclarar que no es lo mismo ansiedad que agresividad. Para que sea más claro el síntoma de la ansiedad, ésta suele reflejarse en los niños de la siguiente manera:

- A través de la inquietud, es lo que comúnmente llamamos hiperactividad.
- Los niños agresivos pueden tener un alto grado de ansiedad.
- Por medio de las famosas *itis*: gastritis, colitis, dermatitis.
- Por medio de miedos o inseguridades.
- A través de hábitos o conductas mal llamadas manías, como la masturbación infantil, el comerse las uñas, morder ropa o prendas, etcétera.

La autoerotización no sólo es normal sino hasta deseable porque implica el conocimiento del propio cuerpo, la detección de las zonas erógenas. En ese sentido, la masturbación podría implicar incluso connotaciones buenas y aconsejables. No debemos perder de vista que se trata de una conducta normal durante la niñez. Si se juzga como una forma negativa o inadecuada, estaremos proyectando posiblemente hacia el futuro alguna conducta perversa. Se le puede poner este ejemplo: no está mal que eructes después de tomar refresco o después de comer, pero sí se ve mal que lo hagas enfrente de todos. Hazlo cuando nadie de te vea o saca el aire sin hacer ruido. Eso mismo ocurre cuando te estás tocando tus partes íntimas, te las puedes tocar tú cuando estés a solas, pero no enfrente de todos.

¿Qué debemos hacer si descubrimos que nuestro hijo se masturba?

1. El manejo del tema debe ser tranquilo y abierto. Evitar hablar del tema no es la mejor alternativa, debido a que se empieza a dar una connotación negativa al acto de masturbarse.

2. El niño no debe sentir que molesta o que perturba a sus padres el hecho de que él se masturbe. Si le damos una carga negativa, es decir, si nos enojamos, lo que estaremos provocando será que el niño refuerce ese comportamiento.

3. La repetición desmedida de la masturbación puede dar pie a trastornos posteriores que quizá podrían derivar en vicios. Había que recordar las siguientes fórmulas:

    Conducta + repetición = costumbre

    Costumbre + repetición = hábito

    Hábito + repetición = vicio

    Vicio + repetición = conducta compulsiva

Una conducta compulsiva es un comportamiento que se necesita para vivir. En el caso de la masturbación habría que evitar que el niño llegara a tener una conducta compulsiva.

Estrategias para abordar la masturbación

Es normal que el niño se masturbe, pero debemos evitar que se convierta en una conducta repetitiva. Con sutileza los padres deberán ayudar a que el niño o la niña tenga otro tipo de actividades que lo distraigan de la masturbación.

- Indirecta. Los padres de familia tienen que actuar de manera indirecta, buscar distraer al niño con alguna cosa o juguete. Es una forma sutil y afectiva.

- Directa (o específica). Si el niño se masturba con un objeto en especial, lo mejor sería retirar ese objeto y darle otro que pudiera captar su atención. Generalmente la masturbación está relacionada con momentos de ocio, habría que analizar en qué instantes ocurre para que el padre o la madre estén pendientes.

- Drástica. Consiste en separar al niño de la situación en la se presenta la masturbación, sin darle una connotación negativa, sólo diciéndole que en público no se hace porque está mal visto así como otras cuestiones de higiene personal que se hacen en la intimidad.

- Específica. En caso de ser necesario (porque no funcionaron las estrategias anteriores), deberá hacerse hincapié que aunque no se considera una conducta mala o prohibida;

es algo que debe hacerse a solas, por lo que se le solicita que se retire a su cuarto a hacerlo. Esto no es agradable para los niños, pues se separan de la situación en la que están y, por lo tanto, practican menos la masturbación.

Masturbación juvenil

Suele causar en mayor escala cierta ansiedad y angustia porque los padres creen que este comportamiento está propiciando en el joven un tipo de perversión. Este tipo de erotización es parte de la identidad sexual del ser humano, de la genitalidad; es el paso hacia la vida adulta y la toma de consciencia del propio cuerpo y de la vida sexual.

Para entender la masturbación juvenil es necesario ver la sexualidad no como algo con fines meramente reproductivos, sino como un acto unido al placer. El practicar la masturbación le va a permitir al joven entender su cuerpo y su sexualidad. Por ejemplo, el varón va de la fantasía a la erección, de ahí pasa a la masturbación, y de ella puede seguir al orgasmo y a la eyaculación. Así es como los jóvenes descubren su sexualidad.

¿Cuáles son las implicaciones de la masturbación?

- Debe quedar claro que es un asunto normal, prácticamente todos los jóvenes lo hacen aunque los padres nunca tengan la certeza de que la practican.

- Aunque es normal debemos de cuidar que, como en el caso de los niños, que no se vuelva un hábito.

- En los varones se presenta algunas veces la eyaculación precoz. Cuando la masturbación es un proceso repetitivo del que sólo se busca la eyaculación, en poco tiempo puede tener como consecuencia la pérdida de control en el cuerpo al buscar sólo placer inmediato. Dicha situación ocasionará a la larga en el joven problemas en su relación de pareja.

Visto de esa manera, hay tres aspectos que debemos considerar en la masturbación juvenil:

- El comportamiento puede convertirse en una conducta compulsiva como lo es comer en exceso o hacer ejercicio de forma desmesurada. En ese sentido todo exceso en malo y no es conveniente para una vida sana.

- La gravedad con que los padres miran esta situación. Por ejemplo, en el caso de la madre quien, por sus referentes culturales la masturbación en la mujer es mal vista y casi nula, cuando descubre que su hijo se masturba se presenta una situación complicada y grave. Peor si se trata de la hija.

- Si el joven antepone la masturbación a la relación sexual, tendrá el problema de que en su vida adulta sólo encontrará placer a partir de la masturbación.

- De la masturbación femenina podríamos decir que es menos frecuente porque sigue teniendo implicaciones morales, aún en la actualidad es mal visto que una mujer se masturbe. Sin embargo, siguiendo el mismo esquema para el joven: se trata de una conducta normal que se emplea como vía de conocimiento del cuerpo, aunque es considerablemente menos común.

Masturbación adulta

Se habla poco de la masturbación que practican los adultos y también es poco reconocida entre las parejas. Se presenta más entre los varones que entre las mujeres. Hombres casados con hijos y con una vida sexual activa, recurren a la masturbación porque es una forma de gratificación directa, que no tiene mayores implicaciones, siempre y cuando no se sobreponga a la relación sexual.

¿Es necesario que recurra a un especialista si mi hijo practica juegos sexuales?

Tenemos que entender que los niños son curiosos y que de una manera empiezan a mostrar interés por mirar el cuerpo de sus amigos, por comprobar si es igual al de ellos. Es aconsejable no juzgar prematuramente, ya que no lo hacen por morbo o precocidad.

> Resulta muy difícil para los padres aceptar que sus hijos pudieran entretenerse en un juego sexual. La diferencia para la implicación que tiene un juego de esta naturaleza, radica principalmente en la forma en que los padres abordan el hecho.

Cuando los niños están en la etapa fálica y en algunos casos, desde antes, empiezan a actuar de una manera diferente. Juegan al doctor o a la mamá y al papá, y empiezan a tener contacto con sus compañeritos y compañeritas. Se exploran, se tocan, se besan, se acarician y hasta pueden simular tener una relación sexual. Incluso llegan a establecerse conductas como: "Yo te toco y tú me tocas, yo te lamo y tú me lames, yo te beso y tú me besas". Es importante mencionar que aunque algunas veces sí existe una relación entre estas conductas y el acceso a información, imágenes o abusos, no siempre responde a esto. Dicho en otras palabras, no forzosamente tenemos que suponer que un niño o niña que presenta estas conductas es porque está teniendo algún acceso o vivencia sobre la sexualidad o por abusos específicos. Sin embargo, es importante también tomarlo con cuidado y analizar la situación.

La manera de actuar de los niños siempre dependerá de qué tanta información relacionada con la sexualidad posean. Ante tantos mensajes evidentes y subliminales, los niños empiezan a percibir que hay otras cosas en su cuerpo: además de explorar su cuerpo y partes íntimas, quieren indagar cómo es el de los demás. Esto se considera completamente normal. Si su hijo pregunta constantemente sobre los dinosaurios, generalmente se suele pensar que es muy listo, que esta ávido de saber, que es curioso y que tiene mucho potencial. Y si su hijo o hija se interesa mucho por la sexualidad... ¿Será un depravado? Es exactamente lo mismo.

La edad en que los niños comienzan a involucrarse en estos juegos sexuales oscila entre los tres y cuatro años. Los padres de familia deberán estar pendientes con quiénes juega su hijo y ver las edades de los otros chicos. No es lo mismo que dos niños de la misma edad estén jugando a explorarse, a que un niño mayor lo esté haciendo. Si existe una diferencia de edades entre una niña de cuatro y un chico de 12 años, y están teniendo un juego sexual, eso ya se llama abuso. Porque el de 12 no está en igualdad de condiciones y se está valiendo de la ingenuidad de la niña de cuatro, aunque sea su hermana, prima o amiga. Se ha hecho énfasis en las fases del desarrollo psicosexual porque también deben servir como referente para identificar que dos niños no se encuentran en el mismo proceso de crecimiento y, por lo tanto, no están en igualdad de circunstancias.

Recuerdo otra situación que también alarmó a los padres de familia. Un chico penetró a otro por el ano, eran de la misma edad. Aquí este juego sexual ya tiene otras implicaciones y los padres deberían analizar porqué el niño tiene ese comportamiento. Es muy probable que el niño esté en contacto con la pornografía, acaso vio a sus padres teniendo relaciones sexuales o haya visto escenas de alto contenido sexual y no sabe cómo asimilar lo que indebidamente presenció. Otra razón pudiera ser que hubo un previo abuso sexual que fue asimilado por el niño. Por otra parte, también es común que este tipo de comportamientos se relacionen con tendencias homosexuales; aun en estos casos nada está determinado.

Invito cordialmente a los padres de familia a que no se alarmen cuando sus hijos tengan un juego sexual, pero tampoco pierdan la brújula y piensen que todo está permitido en aras del desarrollo sexual. Me han llegado a preguntar: "¿Es grave que los juegos sexuales infantiles involucren acciones que se asocian más con la adultez que con la niñez?" Yo pienso que sí es grave y que es un indicador de que nuestros hijos ya van caminando por un rumbo que no creíamos que era propio de su educación y edad. Lo importante es responder a una serie de cuestionamientos que nos ayudarán a saber en qué estado se encuentra el niño:

- ¿Qué tanta información sobre la sexualidad tiene el niño?
- ¿Quién se la ha proporcionado?
- ¿En qué lugares ha visto eso que cuenta?
- ¿Ha estado acompañado de algún adulto o de un amigo?
- ¿Es común que el niño presente este tipo de conductas?
- ¿Cómo manejan en su escuela la sexualidad?
- ¿Presenta algún comportamiento que no es común, que no es regular en él?
- ¿Ha tenido cambios súbitos en su comportamiento?

> *Otro punto que debemos considerar es que ahora cada vez los chicos tienen relaciones sexuales a una edad temprana. Ha bajado la edad en la que sostenía su primer coito, ahora está entre los 13 y 14 años. También se ha modificado la edad en que las niñas tienen su menarca, primera menstruación: entre los 9 y 11 años.*

¿Por qué ahora tienen relaciones sexuales siendo más jóvenes? Porque los padres muchas veces no ponen adecuados límites y reglas en casa. Ahora los chicos se encierran en su cuarto con la novia, y los padres los dejan que hagan lo que quieran. La mayoría de jóvenes tienen su primera relación sexual en la casa de ellos o de su novia, dato que a mi juicio tiene una implicación en sí misma. Y esto es el resultado de tanta apertura por parte de los padres o quizá apatía de no contrariarlos al prohibirles algo, pues cada vez los jóvenes son menos tolerantes.

¿Cómo deben manejar los padres el juego sexual?

- Simplemente decirle al niño: no, a eso no se juega. No es un juego correcto.

- Habría que recurrir a los típicos mensajes que mandan al respecto: Nadie debe tocar tu cuerpo, sólo tú.

- El niño debe saber qué son las partes íntimas. Y la mejor manera de que lo entienda es explicándole que son los genitales y las partes del cuerpo que solemos taparnos cuando estamos en traje de baño. En el caso de la mujer, el pecho, la zona genital y glúteos. Y en los hombres, la zona genital y los glúteos.

- Utilicen los momentos pedagógicos para hablar de forma natural con el niño.

- No se trata de reprimir sino de evitar que siga jugando a eso con tal o cual amiguito. Es decir, se puede equiparar este juego a cualquier otro que es incorrecto o indeseable, como por ejemplo, jugar a romper cosas, a tirar el agua.

- Se puede tratar como lo sugerí con la masturbación. No se trata de prohibir, pero sí de restringir. Si el niño quiere invitar al amigo o a la amiga con quien tiene juegos sexuales, ustedes le dicen que no se puede porque van a salir de compras, que van a un compromiso o a otro lugar en donde el niño no pueda invitar a su amiga. En este caso funciona el refrán que dice: "Santo que no es visto, no es adorado". Es muy probable que la relación que era muy estrecha se empiece a diluir y que cada vez interactúen menos. Si el niño o joven se da cuenta que los padres no desean que se junten con tal o cual amigo, es probable que se genere un efecto contrario, que el chico se rebele y se encapriche con esa situación que incomoda.

¿Cómo debo actuar para prevenir a mi hijo de un abuso sexual?

El libro cierra con un tema delicado, difícil y de mucho interés en los padres de familia. Quiero dejar muy claro que en este asunto no es posible generalizar actitudes, simplemente se ofrecen algunos patrones que van ayudar a prevenir o atenuar lo ocurrido. Lo mejor es que acudan con un especialista si sus hijos han sido víctimas del abuso sexual.

Es posible comparar el abuso sexual con el *bullying* que se menciona mucho en las escuelas, remite al acto de ejercer poder sobre el otro, forzar a que alguien haga algo en contra de su voluntad.

El abuso sexual trae consigo un sinnúmero de implicaciones sociales y psicológicas que dañan al pequeño y, de paso, a la familia. Es importante generar una atmósfera de confianza en la familia y tratar de que el niño diga todo lo que ocurre en el colegio, con sus maestros y amigos.

> Como padres de familia debemos propiciar una relación de confianza, armonía y respeto con nuestros hijos; debemos saber de sus logros y fracasos, de sus travesuras y sus pasatiempos. Nadie mejor que los padres para saber de lo que es capaz de hacer su propio hijo.

El abuso sexual puede presentarse en la escuela, sin que los padres lo noten. Por ejemplo, un chico mayor ejerce presión psicológica con un niño o una niña menor que él, y lo amenaza con decirle a sus papás o a la maestra tal cosa si no hace lo que el dice él. Generalmente los niños que son víctimas de estas situaciones no tienen una buena autoestima, están un tanto relegados de sus padres, es decir, los cuidan otros familiares; además de que saben que sus padres no van a creerles a ellos sino a otras personas. En este tipo de casos, el agresor puede actuar de dos formas: a través de chantaje o manipulación del menor para conseguir algo de él, o dándole cosas que el niño quiere tener: regalos, dulces.

Guía para evitar el abuso sexual en menores

- Los padres de familia deben procurar que exista una comunicación abierta entre ellos y sus hijos.

- Propiciar la confianza de sus hijos. No burlarse de algo que ellos cuenten, escucharlos, fomentar que cuenten cómo les fue en el día, en las distintas actividades que realizaron.

- Enfatizar en que nadie debe tocar el cuerpo y, en especial, las partes íntimas del niño. También es importante decirle que no hable con extraños y que eso no significa que sea grosero. Habrá que recordar la efectividad de la campaña que hizo hacer unos años Televisa, y que estaba enfocada al abuso sexual: Mucho ojo.

- Recordarle al niño que nadie puede obligarlo a que haga algo que él no desee hacer. Que no es necesario que acepte cosas de otras personas, que él podrá tenerlas siempre y cuando cumpla con sus deberes escolares.

- Decirle al pequeño que si alguna persona ya sea familiar, amigo o extraño le pide que haga algo, pero que no le diga a nadie, que será un secreto, no deberá hacerle caso a esa persona porque seguramente no se tratará de algo bueno.

- Fomentar la relación de confianza entre padres e hijos para que el niño les comunique si se presenta alguna situación que lo haga sentir incómodo o avergonzado. El pudor en los niños es fundamental para que no se presenten estas situaciones.

¿Cómo podemos saber que un niño fue abusado sexualmente?

1. Presenta cambios bruscos de humor: solía ser alegre, ahora está triste y pensativo sin una razón en especial.
2. Se muestra más agresivo que de costumbre.
3. Quiere estar solo.
4. Le desagradan cosas que antes le entusiasmaban.
5. Es impulsivo, responde con enojo cuando la situación no lo amerita.
6. Se ha vuelto callado o ausente.
7. Su comportamiento es hostil e intolerante.

Como ya se dijo al inicio del tema, lo anterior son herramientas generales, no existen reglas específicas: el comportamiento de los seres humanos sigue siendo algo indescifrable.

Si ya ocurrió el abuso sexual, hay que tomar las medidas necesarias para que no perjudique tanto al niño.

- Cuidar la manera en que se va a reaccionar frente al niño. El niño podría sentirse culpable de lo que ocurrió, y lo que se desea es que se sienta apoyado.

- Es importante cerciorarnos sobre lo que pasó y estar conscientes si en realidad hubo abuso. Eso implica un análisis de la situación: ¿qué ocurrió?, ¿cómo fue?, ¿bajo qué circunstancias?, ¿ocurrió una vez o varias?, ¿cuál fue el motivo? Esto no quiere decir que debamos hacerle un interrogatorio al niño o tratarlo como si él hubiera sido el agresor. Tenemos que tener cuidado de cómo se manejan las cosas, la situación es delicada.

- En muchos casos es mejor no hacer que el niño recuerde lo sucedido y apostar por el olvido. Esto en el caso de niños pequeños. Habría que recordar que cada vez que el menor repite lo ocurrido, lo único que haremos será grabar el hecho en su consciencia y el daño psicológico será más profundo.

- Si el abuso sexual lo cometió un miembro de la familia, es recomendable que se discuta la estrategia a seguir, si van a continuar viendo a esta persona o de qué maneja propiciarán el alejamiento.

- Ningún asunto legal ayudará a disminuir el dolor de los padres del niño que fue agredido. Sin embargo, en ustedes está la decisión de denunciar o no lo ocurrido. Si proceden de una forma legal, citarán al niño muchas veces y le pedirán que cuente una y otra vez lo ocurrido. Con esto se grabará en la memoria del niño el daño ocurrido y las implicaciones psicológicas serán peores. Pero, como lo expliqué antes, los padres están en su derecho y en la obligación de denunciar el delito.

- Si su hijo es el agresor sexual, deberán pedir ayuda psico-lógica y ver la manera de que canalice su impulso sexual.

- Es posible que el niño agredido presente el síndrome de Estocolmo, es decir, una identificación con el agre-sor o enemigo. Es tan fuerte esa presencia que mejor lo ven como algo bueno, y la víctima termina por iden-tificarse con el agresor. Es como cuando los secuestra-dos se enamoran de su secuestrador y reflexionan: "Me golpea, pero siempre me cuida, me protege, me trae de comer... Lo quiero".

Finalmente, debemos esperar a que del niño agredido sexual-mente emerja su resiliencia, es decir, la capacidad que tienen los seres humanos de sobreponerse a un dolor emocional o a un trauma. Este concepto, que corresponde a la psicología, tiene que ver con lo que comúnmente llamamos entereza. Es-tudios realizados por la neurociencia han determinado que las personas tienen el equipo necesario para superar los obstácu-los que se les presenta en la vida, en particular en situaciones que les han generado angustia e incertidumbre. Podría decir-se que la resiliencia es la capacidad de sobreponerse a un estímulo adverso, en este caso, a un abuso sexual. Y apelando a la habi-lidad para adaptarse, para resurgir de la adversidad y poder lle-var una vida productiva, es como el niño podrá recuperar su estabilidad emocional.

EPÍLOGO

Como lo comenté en mi libro anterior *Límites y berrinches*, ya no es válido decir que nadie nace sabiendo cómo ser padres o que no se nos enseña a serlo. Ante tanta información que tenemos hoy a nuestro alcance, ya no es efectivo usar ese pretexto.

Somos padres de familia y la meta debe ser lograr que nuestros hijos sean más responsables, que crezcan felices y que cuenten con las bases idóneas para convertirse en hombres y mujeres independientes.

Para hablar sobre sexo y sexualidad con niños y adolescentes será necesario recordar que:

La sexualidad de los padres es más importante que la propia sexualidad de su hijo al momento de transmitirla y enseñarla.

Si logran contactar con su propia sexualidad es muy probable que vengan a su mente todos los recuerdos, los remordimientos, las conductas, los traumas, las cosas buenas y regulares que son parte de su pasado y que cobran vida de nueva cuenta al abordar este tema. Habrá que tenerlos conscientes.

Es probable que algunos lectores experimenten un choque de emociones al revivir esta parte de su vida. Sin embargo, este libro no es de corte terapéutico, únicamente responde al sentido pedagógico de cómo hablar de sexo y sexualidad con nuestros hijos. Si ustedes revivieron algo que estaba dentro de ustedes que no pueden manejar, ahora les quedará más clara la necesidad de buscar ayuda.

Cuando aborden el temo del sexo y la sexualidad con sus hijos, háganlo siempre con amor y paciencia. Quieran mucho a sus niños y adolescentes, de ustedes dependerá que les proporcionen las bases necesarias para abrirse paso por la vida.

Les deseo éxito en esta labor que han emprendido y seguirán desempeñando con entusiasmo: continúen siendo esos padres de familia que los amigos de sus hijos quisieran haber tenido.

Índice

Hablemos de sexo con los niños de Juan Pablo Arredondo
se terminó de imprimir y encuadernar en noviembre de 2011
en Quad/Graphics Querétaro, S. A. de C.V.
lote 37, fraccionamiento Agro-Industrial La Cruz
Villa del Marqués, QT-76240